Memórias Sob o Mesmo Céu

relatos de estudantes
estrangeiros em Viçosa

Memórias Sob o Mesmo Céu

relatos de estudantes
estrangeiros em Viçosa

Beatriz Valente

Copyright © 2023 by Editora Letramento
Copyright © 2023 by Beatriz Valente

Diretor Editorial Gustavo Abreu
Diretor Administrativo Júnior Gaudereto
Diretor Financeiro Cláudio Macedo
Logística Daniel Abreu e Vinícius Santiago
Comunicação e Marketing Carol Pires
Assistente Editorial Matteos Moreno e Maria Eduarda Paixão
Designer Editorial Gustavo Zeferino e Luís Otávio Ferreira
Capa José Guilherme Machado
Revisão Camila Araújo
Diagramadora Isabela Brandão
Ilustrações Jupiter Coimbra através da Aspecto Empreendimento Criativo - empresa júnior de Artes e Design da Universidade Federal de Juiz de Fora

Todos os direitos reservados. Não é permitida a reprodução desta obra sem aprovação do Grupo Editorial Letramento.

Dados Internacionais de Catalogação na Publicação (CIP)
Bibliotecária Juliana da Silva Mauro - CRB6/3684

V154m Valente, Beatriz
Memórias sob o mesmo céu : relatos de estudantes estrangeiros em Viçosa / Beatriz Valente. - Belo Horizonte : Letramento, 2023.
92 p. : il. ; 21 cm. - (Temporada)
Inclui Bibliografia.
ISBN 978-65-5932-347-0
1. Livro-reportagem. 2. Narrativa de vida. 3. Estrangeiro. 4. Hibridismo cultural. 5. Universidades. I. Título. II. Série.
CDU: 37.014.242   CDD: 378.16

Índices para catálogo sistemático:
1. Intercâmbio de professores e alunos 37.014.242
2. Mobilidade estudantil e intercâmbio acadêmico 378.16

LETRAMENTO EDITORA E LIVRARIA
Caixa Postal 3242 – CEP 30.130-972
r. José Maria Rosemburg, n. 75, b. Ouro Preto
CEP 31.340-080 – Belo Horizonte / MG
Telefone 31 3327-5771

É O SELO DE NOVOS AUTORES
DO GRUPO EDITORIAL LETRAMENTO

AGRADECIMENTOS

Uma jornada de quatro anos que acabou se transformando em seis. Passei por muitos altos e baixos durante esse período e tive minhas dúvidas em certos momentos se eu levaria a graduação adiante. Em meio a dificuldades, obstáculos, desânimos e até mesmo uma pandemia, finalmente fechei esse ciclo e me torno bacharela em Comunicação Social – com habilitação em Jornalismo. E não posso deixar de mencionar todos aqueles que, seja com um ombro amigo ou uma palavra de incentivo, ajudaram-me a chegar até aqui.

Minha mãe, Maria Carmem, sempre foi, acima de tudo, minha amiga mais próxima. Nunca me forçou a fazer nada que eu não me sentisse confortável e, quando anunciei que queria me formar em Jornalismo, foi a pessoa que mais me incentivou a seguir este caminho. E é para ela que dedico este livro. Obrigada por ser sempre a minha força. Agradeço também à minha irmã, Bruna, que mesmo em meio aos nossos desentendimentos não me deixava desistir.

Meus amigos, que foram as primeiras pessoas a ouvirem a ideia para esse livro, acompanhando cada passo desse trabalho... Obrigada por estarem sempre me ajudando no que eu preciso e por fazerem parte de momentos tão importantes para mim. Podem ter certeza de que serão as primeiras a saberem dos meus próximos passos. Agradeço também ao meu pai, que me apoiou mesmo de longe, e à minha professora orientadora por ter aceitado entrar nessa ideia comigo. Agradeço à Maria Eduarda, minha assistente editorial, que estava sempre disposta a tirar minhas dúvidas e trabalhou junto comigo para o lançamento deste livro.

Não posso deixar de mencionar os Embaixadores UFV, que me acolheram durante três anos e meio. Foi uma experiência que deixou em mim uma marca permanente e gerou lembranças que levarei para toda a vida.

Por fim, agradeço aos estudantes que menciono neste livro. Momate, Isaac, Shinny, Marc, Freek, Micailo, Ana e Lady, obrigada por embarcarem nesta ideia junto comigo e por aceitarem compartilhar seus relatos comigo e com os leitores. Espero que eles sintam a mesma emoção que senti ao ouvirem as histórias de vocês.

9
INTRODUÇÃO

17
MOMATE EMATE OSSIFO

25
SHINNY BEULAH A. J.

33
MARC MICHIELSEN E FREEK BOMAS

43
MICAILO CHAMES M. FREITAS

51
ANA CAROLINA FLORES MAYORGA

69
ISAAC ANDRES MORA OBANDO

79
LADY DIANA CHOQUE OLIVARES

89
REFERÊNCIAS

INTRODUÇÃO

Contar histórias é uma tradição humana. Seja de forma oral ou escrita, contar histórias é uma arte presente no dia a dia das pessoas, em diferentes níveis e aprofundamentos. O jornalismo, historicamente, nada mais é do que a prática de contar histórias e narrar memórias transformada em ofício. Felipe Pena, em seu artigo *O jornalismo literário como gênero e conceito* (2006), afirma que as origens do jornalismo podem ser traçadas há séculos. O homem, por medo e curiosidade do que é desconhecido, sempre esteve em busca do conhecimento. Enquanto cientistas, filósofos, navegadores e viajantes desbravavam o mundo, era necessário algum tipo de relato. A história oral é marcante na humanidade desde seus primeiros registros – seja por anúncios em praças públicas na Grécia Antiga ou conversas com viajantes nos *pubs* e cafés da Londres do século XVII.

Ler e escrever sempre foram minhas paixões pessoais. A ideia de contar histórias e as possibilidades criadas a partir da junção de palavras me encantam desde criança. Nosso alfabeto é composto por 26 letras que formam mais de 380 mil palavras em português[1], e as possibilidades de escrita são infinitas. Em um único livro, eu podia viajar para lugares distantes e conhecer personagens diversos. Passava horas com o

---

1 Em setembro de 2021, com a inclusão de mil verbetes no Vocabulário Ortográfico da Língua Portuguesa (Volp), feito pela Academia Brasileira de Letras, calcula-se que existem hoje cerca de 382 mil palavras. Disponível em: <https://www.diariodaregiao.com.br/cidades/educacao/lingua-portuguesa-do-brasil-ganhou-1-mil-novos-verbetes-conheca-alguns-1.810286> Acesso em: 14 jun. 2022.

nariz enfiado dentro das páginas desgastadas dos livros presentados por minha mãe, até que um dia me dei conta de que eu mesma podia escrever narrativas que prenderiam a atenção de outras pessoas. Primeiro, foram palavras soltas numa folha de caderno entre os intervalos das aulas da escola, depois essas palavras se tornaram frases e, aos poucos, tornaram-se páginas inteiras inspiradas em mundos criados na minha mente.

Mas, a ideia de contar histórias de pessoas reais tinha um brilho diferente. Foi um pensamento que criou raízes em minha mente e deu frutos em alguns hábitos particulares. Era caminhar na rua e pensar que a cada rosto que eu via por questão de segundos tinha anos e mais anos de história por trás dele. Era entrar em um local movimentado e pensar o que levou as pessoas ao meu redor até ali. Era sentar em uma cafeteria depois da aula e tentar adivinhar a história dos clientes que por ali passavam. Foi assim que eu cheguei onde estou: formanda de Comunicação Social/ Jornalismo, apaixonada pela ideia de contar histórias, fictícias ou não.

O livro que estão lendo no presente momento foi uma ideia surgida aos poucos. Entre minha paixão por histórias e a vontade de conhecer diferentes lugares, acabei decidindo que o tema a ser abordado seria a vida de estudantes estrangeiros em Viçosa e como foi a adaptação deles à cultura da cidade.

Em certo momento da minha graduação, entrei no projeto Embaixadores UFV. O projeto foi lançado, inicialmente, em 2013, como um programa divulgado por edital pela Diretoria de Relações Internacionais da Universidade Federal de Viçosa (DRI), com o "objetivo de nomear estudantes que desejam atuar como voluntários no processo de internacionalização da universidade" (DRI, 2013, p. 59). No entanto, somente em 2015 ele foi reformulado e registrado no Registro de Atividades de Extensão (RAEX), com o número de registro PRJ – 249/2015. Seu principal objetivo é, ainda hoje, auxiliar, integrar e orientar estudantes de mobilidade nacional e internacional em seus primeiros passos na universidade, tendo como segundo plano a troca de experiências culturais e acadêmicas entre os auxiliados e a comunidade viçosense.

Durante meu período como voluntária, entre 2018 e 2021, conheci diversas pessoas de diferentes países, seja de forma mais próxima, auxiliando algum intercambista, ou indiretamente, em eventos promovidos pelo projeto. São tantas culturas que convergem em uma mesma cidade, vindas de diversas partes do mundo e com olhares completamente diferentes, que me senti compelida a conhecer um pouco mais a fundo algumas delas e, então, poder dividir isso com vocês.

Segundo o primeiro relatório anual disponibilizado no site da DRI, de 2011, a mobilidade acadêmica vem desde a década de 1950 com uma colaboração entre a Universidade Federal de Viçosa (UFV) e a Universidade de Purdue, no estado de Indiana, Estados Unidos. Diversos professores foram cursar pós-graduação stricto sensu, e, em 1961, professores da universidade americana ajudaram na criação do primeiro Programa de Pós-Graduação no Brasil (DRI, 2011, p. 11). Apesar de a troca acadêmica ter décadas de registro na UFV, somente em 2013 foi estruturado um programa efetivo de auxílio específico para estrangeiros vinculados à universidade que chegavam em Viçosa.

De acordo com os relatórios disponibilizados pela DRI que englobam os anos de 2010 a 2020, é possível ver o número crescente de estudantes que chegaram ao *campus* Viçosa vindo de outros países. Eles vieram por meio de vários programas de graduação e pós-graduação – completa ou semestre-anual. Em 2010, a Universidade Federal de Viçosa recebeu 75 estudantes no total e 110 em 2011. Em 2012, foram 136 e, em 2013, o número subiu para 228. Em 2014, a UFV recebeu ao todo 373 estudantes estrangeiros, enquanto em 2015 foram 439 estudantes. Em 2016, esse número subiu para 497 e em 2017 foram 396 estudantes recebidos. Já em 2018 foram 363 e, em 2019, 337 estudantes.

O último relatório no site é de 2020, que consta um total de 304 estudantes inscritos durante o ano. Devido à pandemia de covid-19[2], o ano de 2020 foi atípico. A UFV recebeu normalmente os estudantes no primeiro semestre e os números constam todos aqueles matriculados durante o ano, incluindo estudantes que permaneceram ou não na cidade após a suspensão das aulas em março, os estudantes que estavam realizando o curso completo e os que realizaram atividades de forma remota.

Com o aumento de casos no mundo e a suspensão das aulas, os editais de intercâmbio foram cancelados e os aceites de estudantes estrangeiros foram suspensos, mas a DRI continuou com o trabalho remoto. A diretoria implementou a parceria entre o FARA (*Forum for Agricultural Research in Africa*) e o Tetfund (*Tertiary Education Trust Fund*), possibilitando que cerca de 55 nigerianos ingressarem em 20 cursos de mestrados nos três *campus* da UFV, nas áreas agrícola e alimentar, já no segundo semestre. Segundo o último relatório disponível no site até o momento de escrita deste livro, "foi o maior ingresso de estudantes estrangeiros de Língua Inglesa na instituição até o momento" (DRI, 2020, p. 36).

A Diretoria de Relações Internacionais (DRI) da Universidade Federal de Viçosa (UFV) contabilizou, entre os anos de 2010 e 2020, um total de 3.258 de matrículas de estrangeiros em mobilidade acadêmica no *campus* de Viçosa, divididos entre graduação, mestrado e doutorado, de curta duração, renovação de matrículas de curso completo e estudantes que faziam atividades remotas. Segundo o último censo do Instituto Brasileiro de Geografia Estatística (IBGE), feito em 2010, entre

---

2 Há dois anos, no dia 11 de março de 2020, quase três meses após a descoberta dos primeiros casos em Wuhan, na China, a Organização Mundial da Saúde (OMS) declarou o início da pandemia de Covid-19, uma infecção respiratória aguda causada pelo vírus SARS-CoV2, com potencialidade grave e de alta transmissão e distribuição global. A doença já matou cerca de 6 milhões de pessoas ao redor do mundo e 500 milhões foram infectados durante esse período de dois anos. Disponível em: https://www.gov.br/saude/pt-br/coronavirus/o-que-e-o-coronavirus; https://g1.globo.com/jornal-nacional/noticia/2022/03/11/ha-dois-a-nos-oms-declarava-o-inicio-da-pandemia-de-covid.ghtml. Acesso em: 14 mar. 2021

as mais de 72 mil pessoas que residiam na cidade de Viçosa, em Minas Gerais, 226 vieram de fora do Brasil, sendo 134 de nacionalidade estrangeira e 92 naturalizados brasileiros[3].

Mas, afinal, o que é o estrangeiro?

Em um primeiro momento, podemos pensar naquilo que parece óbvio, mas não necessariamente é. Estrangeiro é o estranho que veio de fora. É um conceito que nos faz pensar: isso te repele ou te fascina? Caterina Koltai é uma socióloga que vivenciou isso na pele, tendo sua primeira imigração aos dois anos de idade, fugindo com a família do extermínio dos judeus durante a Segunda Guerra Mundial. Segundo ela, o termo é cercado por mitos durante toda a História, marcado por exílios, voluntários ou não, e forte presença na literatura. No senso comum, o estrangeiro é o "Outro" que vem de fora e que pode ser repatriado (KOLTAI, 1998).

Cada indivíduo, estrangeiro ou não, possui sua identidade e sua *cultura*. O antropólogo Néstor García Canclini (2005) apresenta a definição de cultura como os "processos de significação" ou a "instância em que cada grupo organiza sua identidade" (2005, p. 41-43). Na forma mais comum de analisar isso, sua identidade e cultura é definida a partir da forma como a sociedade em que você convive dá significado a algum hábito ou objeto. O que explica como sentimos e reagimos a alguma comida de um país do outro lado do mundo, por exemplo, ou quando alguém de fora diz que o "brasileiro é caloroso" pela forma como tratamos amigos e desconhecidos.

As marcas que deixamos uns nos outros podem ser profundas ou superficiais, mas elas existem. Acredito que somos construídos e reconstruídos continuamente a partir de nossas experiências e relações com outras pessoas, e, quando essas pessoas são tão diferentes de nós, as marcas são mais visíveis e dificilmente apagadas. A essa experiência de trocas Canclini (1989) deu o

---

3 Dados obtidos no site do IBGE. Disponível em: <https://cidades.ibge.gov.br/brasil/mg/vicosa/pesquisa/23/24007> Acesso em: 20.dez.2021.

nome de *hibridação*, ou *hibridismo cultural*, um conceito que facilitou para os sociólogos traduzirem as marcas deixadas pelas misturas interculturais ocorridas, de formas planejadas ou não, pelos processos migratórios, turísticos e de intercâmbio econômico e comunicacional.

Cada "Outro" acolhido em Viçosa traz sua bagagem. Os estrangeiros são acolhidos todos os anos na cidade universitária de Viçosa e deixam suas marcas naqueles com quem convivem. A hospitalidade se estende de ambos os lados: viçosenses acolhem estrangeiros em suas casas e cotidianos, e os estrangeiros compartilham com eles traços de suas culturas locais. A hibridação que ocorre em cidades que recebem intercâmbios internacionais não some facilmente.

Fazer parte dessa troca cultural foi um prazer enorme que me marcou profundamente. Foram anos dedicados a acolher quem aqui chegava, e ver pessoas das mais diversas culturas construindo memórias juntos em um mesmo lugar foi uma experiência extraordinária. As memórias fazem parte de quem nós somos, não apenas pelo fato ocorrido em nossas vidas, mas pelas emoções que influenciam o modo como recordamos e relatamos eles. Assim surgiu Memórias Sob o Mesmo Céu, meu projeto experimental para conclusão do curso de Comunicação Social, na Universidade Federal de Viçosa (UFV). Baseada nas teorias de Mônica Martinez (2009; 2017; 2019), Liliana Bastos (2004), Gabriele Rosenthal (2014) e Cláudio Lessa (2015), as quais se referem às narrativas de vida dentro do contexto do jornalismo, e de Edvaldo Pereira Lima (2004; 2009), Felipe Pena (2006) e Pedro Celso Campos (2009) sobre jornalismo literário, trago as memórias de oito estrangeiros que passaram por Viçosa.

Aqui apresento as experiências pessoais de cada um dos personagens, desde os motivos pelos quais escolheram a Universidade Federal de Viçosa como ponto de intercâmbio, como foram as chegadas e o acolhimento deles, até o que mais sentem falta de suas terras natais. Foram quatro entrevistas individuais e uma em dupla feitas em 2019, no período de um mês, como trabalho final da disciplina de Jornalismo Literário, que serviram para a construção da maior parte dos perfis que compõem Memórias Sob o Mesmo Céu.

Momate Ossifo veio de Moçambique em 2018 para fazer mestrado em Estatística. Isaac Obando é do Equador e veio para cursar o curso integral de Medicina Veterinária. Shinny Beulah é uma menina da Índia que esteve por três meses no Brasil para um programa de estágio pelo IAESTE (*International Association for the Exchange of Students for Technical Experience*). Foi iniciado formalmente na UFV em 2004, tendo como objetivo viabilizar estágios acadêmicos, científicos e profissionais, em mais de 70 países, para os estudantes entre 18 e 28 anos de graduação, mestrado e doutorado, de todos os cursos da UFV. Marc Michielsen e Freek Bomas são da Holanda e foi a única entrevista em dupla feita, por escolha deles. Vieram ao Brasil para passar um semestre aqui, em 2019, por meio de um programa de troca de estágio que abrange algumas universidades brasileiras e holandesas. Micailo Freitas é da Angola e fez um relato que me surpreendeu. Veio para fazer o curso de Economia em 2011 e continuou em Viçosa estudando para fazer o mestrado. Era de longe o que passou mais tempo na cidade.

Foram personagens que me marcaram durante cada palavra que compartilharam comigo em suas entrevistas, e o trabalho da disciplina para a qual iriam originalmente esses relatos foi um dos mais difíceis, mas ao mesmo tempo satisfatórios do curso. Porém, eu queria ir além e contar essas histórias para mais pessoas, dar aos que passaram pela cidade um registro, mesmo que por apenas um semestre. Então, durante o processo de produção deste livro-reportagem, decidi que procuraria mais duas fontes para complementar os relatos. Lady, do Peru, e Ana, de Honduras, que chegaram ao Brasil como estudantes de mobilidade e foram auxiliadas pelo projeto Embaixadores UFV durante sua estadia. Elas também fizeram parte do projeto como membros voluntárias, auxiliando outros estrangeiros que aqui chegam.

Introdução   **15**

Da mesma forma, ao revisitar as entrevistas, decidi entrar em contato com um dos estrangeiros que havia entrevistado em 2019 para que pudéssemos conversar um pouco mais. Afinal, foram dois anos de pandemia que impediram atividades presenciais no *campus*, e isso modificou toda a estrutura acadêmica de estudantes e professores. Como foram os anos de isolamento? Ele permaneceu no Brasil ou retornou ao país de origem? Como foi estar de volta ao Brasil? Isaac Obando aceitou conversar mais um pouco para que abrangêssemos esses pontos.

As entrevistas foram feitas em locais que seriam propositalmente mais confortáveis para as pessoas que concordaram em estar ali compartilhando suas histórias. A intenção era encontrá-los em cafeterias, padarias ou sorveterias e conversar normalmente enquanto algumas perguntas surgiam aqui e ali. O intuito não é refletir sobre suas experiências de toda a vida, mas as memórias criadas em solo brasileiro e de que formas o intercâmbio os marcou das mais diversas formas. Os relatos aqui contados são de autoria dos personagens de acordo com suas verdades.

Os relatos narrados pelos estrangeiros entrevistados foram ouvidos com extremo respeito. Tratar do outro, especialmente estrangeiros com culturas diferentes, requer certa sensibilidade. É necessário humanizar os personagens e fugir da banalização da vida humana. O ser humano deve ser o ponto de partida e chegada da narrativa jornalística, portanto, tratá-lo como objeto é desumanizá-lo e reduzi-lo a estereótipos e caricaturas (IJUIM, 2017).

Nesse sentido, o livro-reportagem foi produzido baseado nos pilares de respeito e alteridade que o jornalismo literário e humanizado requer. Contar histórias é uma arte por si só, e "a arte de se contar histórias com primor literário, procurando-se retratar paisagens humanas e sociais com vigor, continua presente em ilhas de excelência narrativa, fiéis ao compromisso com a realidade" (LIMA, 2009, p. 158).

MOMATE EMATE OSSIFO

Moçambique

A entrevista com Momate havia sido a primeira, ainda em 2019. Alto, negro e com olhos meio fechados, e ali em seu olhar pude perceber sua natureza acolhedora. O sorriso de cumprimento que me deu me mostrou que ele estava um pouco nervoso. Durante os quarenta minutos que ficamos conversando na cafeteria levemente movimentada, ele se mostrou um pouco reservado, mas disposto a compartilhar o que achava necessário de sua história. Sua simpatia me contagiou e seu jeito um pouco introvertido não impediu que olhasse em meus olhos a cada pergunta respondida. Ao final, dei-me conta de que havia sido mais uma conversa entre conhecidos do que uma entrevista cansativa.

O português, apesar de ser sua primeira língua e a língua oficial do país, não foi a única que Momate Emate Ossifo aprendeu. Moçambique é dividido em províncias e o país tem mais de 20 idiomas tradicionais[4]. Seus pais cresceram na mesma região, aprendendo o *chuabo*. As línguas tradicionais foram adicionadas ao sistema de ensino por volta de 2017, mas foi graças aos seus pais que Momate aprendeu o idioma. E não havia nada como ir para o interior passar as férias escolares e encontrar pessoas que compartilhavam dessa mesma língua. Momate sentia o sentimento de pertencimento muito mais forte do que quando falava em português na cidade grande.

Enquanto crescia, era costume que a família se reunisse na frente da televisão. Nem sempre para ver um canal nacional. A *TV Globo* é um canal brasileiro, mas não era difícil ver diversos moçambicanos se distraindo com ele. Saber português por causa do sistema de ensino ajudou Momate a aprender sobre a cultura brasileira através de novelas e telejornais. Não foi difícil perceber que as culturas dos dois países não eram

---

4 Informações obtidas no site de notícias da Organização das Nações Unidas. Disponível em: https://news.un.org/pt/story/2020/05/1713762. Acesso em: 12 set. 2022.

tão diferentes assim. A escolha para onde iria fazer mestrado não foi complicada. Ele conhecia a cultura brasileira até certo ponto e ela não era muito diferente da dele.

Sentado em frente ao computador e respirando fundo, Momate começou a pesquisa. Conhecia várias pessoas que haviam se formado no Brasil, incluindo seus próprios professores do colégio. Era algo comum no país, e sua família também tinha conhecimento disso. Encontrou cursos de Matemática e por certo tempo era algo que ponderava fazer. *"Eu nunca pensei em me formar em Matemática para dar aula. Tive a ideia de montar uma empresa, mas o que eu posso fazer para tal? Trabalhar com matemática pode ser difícil, aí eu pensei: não, eu posso fazer Estatística".*

O problema era que não havia cursos de mestrado em Estatística em Moçambique, apenas licenciatura. Existem muitas universidades no país, porém os cursos são restritos. Descobriu mais tarde que nas universidades brasileiras havia muitos cursos de mestrado e pós-graduação em que lá em Moçambique tinham apenas no nível de graduação.

Quando recebeu o aceite da Universidade Federal de Viçosa, recebeu um e-mail de um brasileiro chamado Felipe. O e-mail era extenso, mas continha informações importantes para sua chegada em solo brasileiro. Aquele foi seu primeiro contato com o projeto Embaixadores UFV. As conversas com Felipe eram constantes, antes mesmo de fazer a viagem. Recebeu e leu todo o Manual do Intercambista, um documento padrão enviado pelo projeto. Nele Momate viu os primeiros passos de como chegar em Viçosa, uma vez que não há aeroportos na cidade interiorana, bem como dicas e informações necessárias para iniciar os estudos na UFV. Ter esse conhecimento facilitou para não ter tanto receio em morar em outro país.

O trajeto foi cansativo, no entanto, ele fez sem hesitar. Como recebeu as informações e coordenadas de seu embaixador com antecedência, não precisou pedir ajuda a ninguém. Seu primeiro voo foi direto para São Paulo. Não visitou a cidade durante a escala, seu próximo voo era em pouco tempo. Desceu no aeroporto de Belo Horizonte, em Minas Gerais, e foi para a rodoviária para pegar um ônibus direto para Viçosa. Ao descer na rodoviária de Viçosa, já sabia como chegar na casa onde ficaria por alguns dias. *"Mas com a ajuda de Felipe"*, ele confessa, soltando um suspiro aliviado. *"Ele me deu todas as dicas. Isso é muito legal no grupo de Embaixadores. Eu converso com alguns amigos que estão aqui também e que estão nesse grupo e não sou só eu, sozinho. Muita gente parabeniza o grupo. Ajudou muito, [...] eu senti como se eu já conhecesse o Brasil"*.

Era 17 de agosto de 2018 quando chegou em Viçosa. E era o início de uma história que duraria dois anos.

Apesar de já ter algum conhecimento prévio da cultura brasileira, Momate sentiu que no fundo teve certa dificuldade em se adaptar. Era sua primeira vez fora de Moçambique. Não para ficar dias, porém anos. Ele sempre viveu com sua família, nunca esteve muito distante deles. E seu primeiro mês havia sido complicado. Chegou duas semanas depois do início das aulas, por questões burocráticas em seu país. Precisou ir atrás do Registro Nacional de Estrangeiros (RNE) que é feito apenas na Polícia Federal em Juiz de Fora ou Belo Horizonte. Hoje o documento é conhecido como Carteira de Registro Nacional Migratório (CRNM). Enquanto resolvia a documentação, precisou procurar um lugar mais definitivo para ficar durante seu tempo de estudos, pois foi primeiramente recebido por um amigo. Além disso, precisou estudar com mais afinco para recuperar a matéria que havia perdido nessas duas semanas.

Descobrir a comunidade africana que existe em Viçosa tornou sua adaptação mais fácil. Como não tinha conseguido um lugar para morar quando fez a viagem, Momate foi recebido por um amigo, conterrâneo da mesma província, que faz parte desse grupo. Ele foi prontamente introduzido na comunidade que juntava, na época, por volta de 70 africanos na cidade. É um grupo unido, sempre conversando e saindo juntos. Organizam eventos culturais, como o dia da África, em 25 de maio, e a comemoração dos dias de independência dos países africanos.

O contato com brasileiros, no entanto, deixou-o um pouco chateado no início.

– Moçambique? Onde fica Moçambique? – perguntou um brasileiro com quem conversava.

Momate observou seu rosto, tentando decidir se ele estava sendo sério ou não.

– Fica na África – ele respondeu.

– Isso é um país?

Momate ficou em choque. *"Como assim um país? É um continente, não é?"*, ele pensou. Ele afirma que não tem muita coisa que o chocou, mas saber que muitos brasileiros não entendem que a África é um continente vasto e diverso o deixa aborrecido. Ele não sabe dizer se sofreu preconceito, se teve deixou passar. Não olha pelo lado ruim das coisas e se considera feliz até o momento.

Contudo, a saudade da família ainda é um ponto delicado. Era o que mais trazia receio a Momate antes de sair de seu país. Eles são, no total, sete irmãos pelo mesmo pai. Sua família é toda islâmica, exceto sua mãe que era católica, mas se converteu quando se casou com o pai de Momate. Quando ele faleceu, ela voltou ao catolicismo, porém o resto da família permanece seguindo o islamismo. Como em Viçosa não existem mesquitas, Momate faz o que pode, rezando em casa mesmo, entretanto não consegue cumprir todas as cinco orações diárias. *"Trabalho por aqui, trabalho por ali"*, ele contou. *"São cinco orações, a oração das 05 horas, das 12 horas, das 16 horas, das 18 e às 21 horas. Nos países árabes, por exemplo, a essa hora [por volta das 16h30] as lojas fecham. Tem que fechar para rezar"*.

Devido à sua religião, a comida brasileira foi um choque cultural para Momate. No islamismo, nenhum muçulmano come carne de porco. Então, descobrir que a maior parte das refeições têm carne de porco foi uma dificuldade a mais, principalmente ao frequentar o Restaurante Universitário do *campus* da UFV. Quando não escolhe a refeição vegana, prefere sair e tomar um café. *"O almoço é muito pesado. Lá não é muito comum ver o pessoal tomando café, é muito mais chá. No almoço, a comida que mais comemos nós chamamos de xima".* O "xima" é um prato típico à base de farinha de milho, na forma de purê, ele compartilha.

Comer churrasco no Brasil foi uma experiência um tanto quanto diferente. Por não comer carne de porco, é necessário que a carne de boi tenha uma parte separada para ser preparada. Quando são feitas no mesmo lugar na churrasqueira, ele não pode consumir. O pão de alho, no entanto, o encantou. Pretende levar o costume de comê-lo no churrasco quando retornar à Moçambique. Está sempre procurando em outros lugares depois que experimentou pela primeira vez.

Dentre todas as diferenças entre os dois países, o vestuário, entretanto, é o que mais se destacou aos olhos de Momate. A liberdade de vestimenta o impressionou, uma vez que em Moçambique é muito mais restrito. Lá, em qualquer instituição de ensino, você não pode entrar com shorts acima do joelho, não importa o quão calor esteja fazendo. Ao entrar para fazer o registro, por exemplo, as roupas são restritas apenas a calças ou é barrado na porta. O chapéu é proibido em qualquer ponto de uma instituição. Ver tal liberdade em Viçosa o deixou desconcertado.

A simpatia dos brasileiros também o marcou muito. *"Vocês conhecem a pessoa hoje e é como se já a conhecessem há um ano"*, Momate afirmou, encantado. Está acostumado com comportamentos diferentes, mais reservados. "É muito lindo ver como vocês se tratam no dia a dia, principalmente. Como eu disse, no grupo de intercambistas. Isso mexeu muito comigo, é algo que eu quero fazer lá. Criar um grupo como esse e ajudar quem chega lá."

SHINNY BEULAH A. J.

Índia

A primeira entrevista feita em inglês foi com Shinny, em setembro de 2019. Seu inglês era carregado e corrido e sua voz era alta. Apesar de ter sido difícil me acostumar com o ritmo de seu sotaque, sua animação era contagiante. Não se deixou abalar quando as pessoas na cafeteria à nossa volta se viravam para nos olhar com curiosidade. Ela era naturalmente extrovertida – gesticulava bastante, mas não de nervoso, e mexia bastante nos cabelos longos.

Nem precisei fazer muitas perguntas, ela parecia contente em dividir sua história e isso me deu um novo fôlego para continuar. Ela veio por apenas alguns meses (sua entrevista, inclusive, foi na véspera dela ir embora), pelo programa IAESTE. Os Embaixadores não são ligados ao programa, pois os membros dele daqui do Brasil já são responsáveis por recepcioná-los. Apesar de baixa, sua postura corporal era expressiva. A pele escura e os longos cabelos lisos pareciam brilhar ao sol, e sua animação só pareceu aumentar a cada palavra dita.

Estudante de Engenharia de Biotecnologia, Shinny estava em seu último ano do programa de graduação na Índia. Morava em Chennai, mas estudava na Karunya University, em Coimbatore; ambas no estado de Tamil Nadu. Ela se inscreveu pelo programa de estágio voluntário do IAESTE, o International Association for the Exchange of Students for Technical Experience. Ele viabiliza estágios acadêmicos, científicos e profissionais em mais de setenta países nos cursos de graduação, mestrado e doutorado. Shinny recebeu como opções a América do Sul, a África ou a Europa. Suas opções se reduziram depois a Alemanha e Brasil, *"mas se não fosse para o Brasil agora, talvez nunca iria"*. Ela já gostava da cultura brasileira, principalmente dos filmes que assistia. Sabia que a América Latina era bonita, com suas montanhas e praias. Ficou encantada quando pesquisou mais sobre o país e se apaixonou pelo Rio de Janeiro.

Então decidiu vir ao Brasil para conhecer de perto aquilo que só via pela tela do computador ou da televisão. *"Um dos pontos positivos é que vocês não são tão restritos quanto os europeus"*, ela acrescentou. Seus pais ficaram apreensivos com a escolha, mas ela conversou com eles e explicou que havia outras nove pessoas de sua universidade no Brasil. Além disso, vários de seus amigos estavam viajando ao redor do mundo para o último ano de estudos. Ela veio ao Brasil para passar apenas três meses. Seu estágio em Bioquímica se iniciou em julho de 2019, e seu foco foi na bactéria da febre maculosa. O projeto era completamente diferente de suas expectativas e de como estava acostumada na Índia. Contudo, foi melhor do que esperava.

Shinny desembarcou no Brasil em 2 de julho de 2019. Foi a primeira estagiária a chegar, pois os outros só começaram a chegar em agosto. Sua primeira dificuldade foi a língua. Tinha assumido que muitos brasileiros sabiam inglês, mas a chegada no aeroporto de Belo Horizonte já foi um choque. A viagem de Dubai para São Paulo havia sido tranquila. Quando chegou, no entanto, sua mala havia sumido. O voo para Belo Horizonte seria doméstico, então precisava encontrar a mala e despachá-la. Porém ninguém conseguia falar em inglês com ela, e tudo estava em português – as placas, as orientações, tudo, inclusive os portões que indicam para onde deveria ir. *"Estava escrito* portão, *e na época eu nem sabia que isso era* gate", ela contou. No aeroporto, Shinny olhava ao redor, confusa, tentando pensar no que fazer. Foi até o atendente para pedir ajuda, mas ele também não falava inglês, e ele era o maior gerente administrativo da sessão de bagagens. Ela se rendeu ao tradutor, no entanto, acredita que, por passarem muitos estrangeiros por lá, as pessoas deveriam saber falar ao menos o inglês. *"Eu aprendi muita coisa sobre o Brasil, mas uma que eu não conseguia era a língua"*, ela contou, rindo despreocupadamente.

Só conseguiu reaver a mala uma semana depois. Foi quando descobriu que os brasileiros poderiam ser bondosos e amigáveis. Deram um pouco de dinheiro para Shinny, porque ela teve um problema com o cartão internacional e precisava de compras urgentes, como pasta de dente, escova e outros itens essenciais, pois estava tudo na bagagem extraviada. Surpreendeu-se ainda mais ao chegar em Viçosa. Fazia cerca de 10°C, e o mínimo que estava acostumada era 20°C. Então sentia frio, tremia e não viera preparada com roupas quentes, já que "*nem sabia que o Brasil tinha um inverno mais definido*". Era uma sexta-feira à noite, véspera de feriado, e só conseguiria fazer compras na segunda-feira. As companheiras de república emprestaram cobertores, pijamas, casacos e travesseiros, até que pudesse arranjar os próprios.

A gentileza dos brasileiros ficará em sua memória. No primeiro contato já se consideram próximos e não viu isso em nenhuma outra cultura. É uma das coisas que sabia que mais sentiria falta ao retornar para a Índia. "*As comemorações aqui e na Índia não são tão diferentes. O que faz a diferença são as pessoas e como elas expressam o amor pelas outras é completamente diferente*", ela contou, com um toque de admiração em sua voz. Ela relatou ainda que manteve contato com amigos que foram para a Alemanha e eles dizem que não receberam a mesma hospitalidade que ela. Seus amigos não apenas viram o choque dos alemães ao receberem pessoas de outros países, como receberam certa hostilidade algumas vezes.

– Mas você veio de tão longe?! – era o máximo que Shinny ouvia dos brasileiros ao seu redor.

Ela foi recebida com amabilidade e curiosidade. Sentiu o respeito que os brasileiros tinham por todas as nacionalidades e que se esforçaram para deixá-la confortável.

Com pouco esforço, Shinny consegue listar as diferenças culturais mais marcantes entre Índia e Brasil. Nem precisa pensar muito longe, apenas olhando pela porta da cafeteria consegue reconhecer alguns exemplos. Um homem anda lentamente pela calçada, com um cigarro aceso entre os dedos. Ele o leva lentamente até os lábios e dá uma tragada profunda. Shinny leva a xícara de café até os lábios e vem em sua mente a ideia de que muitos clientes ao seu redor estariam com um copo de cerveja em mãos em poucas horas. Ela cresceu vendo seus conterrâneos negando bebida e fumo, principalmente indianos cristãos. Eles seguem fielmente isso e foi um choque ver cristãos brasileiros levando tais hábitos como costumes quase cotidianos.

No prédio em frente, ela vê um casal se despedindo com um beijo nos lábios. Dava para perceber que eram jovens pelo uniforme escolar que vestiam. A menina tenta entrar pelo portão, mas o menino a puxa pela mão para mais um beijo. Shinny também estava acostumada com uma visão diferente sobre namoros. Se ela tivesse um namorado, teria que ter certeza de que se casaria com ele um dia – algo enraizado em sua cultura. A importância que dão ao casamento não permite que ela namore alguém com quem não pretende se casar. Vir ao Brasil, namorar alguém por três meses e depois terminar quando estivesse indo embora... Isso não poderia acontecer. *"Isso parece muito um conto de fadas, mas é o que acontece com toda garota indiana"*. Ver os brasileiros em festas ficando com mais de uma pessoa sem compromisso sério foi impactante, mas um costume cultural que se acostumou aos poucos, mesmo sabendo que não aconteceria consigo mesma.

Em poucos minutos, Shinny observa a infinidade de interações à sua volta. Brasileiros são casuais uns com os outros, mas ela sabe que alguns tipos de tratamento seriam completamente inadequados em seu país. Viu seus amigos viçosenses tratando professores pelo nome, porém nunca chamou um professor na Índia dessa forma. Sempre foi professor ou senhor, uma vez que *"chamar qualquer outro nome é estritamente proibido"*. Bebericando mais um gole de café, ela reflete em como a culinária também é diferente. Nunca pensou que brasileiros bebiam café sem leite, mas gostou muito. Foi difícil se acostumar com a comida consideravelmente menos temperada que a indiana, entretanto sabe que sentiria falta da mesma forma. Principalmente de pratos mais típicos, como o arroz com feijão, o pão de queijo e a coxinha.

A própria diversidade de comunicação dentro do país é diferente devido à colonização. Enquanto no Brasil a língua oficial e principal é o português, com as diferenças entre estados sendo apenas o regionalismo, a Índia tem vinte e sete estados com vinte e sete línguas diferentes. A comunicação entre estados só ocorre no inglês, então todas as disciplinas são feitas em inglês. As pessoas tendem a falar em inglês, quase como se fosse uma regra. A língua materna de Shinny é o tâmil. É uma das línguas mais antigas do mundo, tão difícil de aprender quanto mandarim e japonês. Ela tem 247 letras e é falada por cerca de 68 milhões de pessoas no sul da Índia, Indonésia, Vietnã e outros países asiáticos[5]. Shinny adorava dividir curiosidades sobre sua língua com os novos amigos brasileiros.

– Como você chama isso em português? – ela sempre pergunta quando o assunto surge, apontando para o objeto ao qual se refere que está mais próximo dela.

– Isso é uma *mesa* – eles respondem, dizendo a palavra em português.

– É uma palavra que veio da minha língua!

E ela adorava ver o choque no rosto deles. *"A verdade é que na Índia existem vinte e duas línguas reconhecidas, mas mais de cem não oficiais."* ela explicou. *"Não sei a quantidade certa, mas existem muitas não oficiais e isso torna muito difícil comunicar todas as pessoas".* Contou ainda que muitos jornalistas vão para lá estudar sobre as línguas e as culturas de cada estado.

Enquanto esteve no Brasil, não ficou apenas em um estado. Viajou para várias cidades e conheceu um pouquinho mais sobre o país onde passou apenas alguns meses. Foi para São Paulo, Rio de Janeiro, Belo Horizonte, Ouro Preto, Arraial do Cabo e algumas cachoeiras na região de Viçosa. Porém,

---

5 Dados obtidos em: https://web.archive.org/web/20181114073426/http://www.censusindia.gov.in/2011Census/Language-2011/Statement-1.pdf. Acesso em: 04 ago. 2022.

de longe Arraial do Cabo foi uma das praias que mais gostou e uma das mais bonitas que já viu. É diferente das praias indianas, onde as mulheres não usam biquínis, mas vestidos cobertos ou shorts com camisa. Queria ter ido a mais lugares, mas seu estágio no laboratório nem sempre permitia.

Um dos momentos mais engraçados de que se recorda aconteceu no Rio de Janeiro. Shinny estava com duas amigas indianas e não sabiam que os banheiros masculinos e femininos eram reconhecidos como *ele* e *ela*. Conversavam, distraídas, e acabaram entrando no banheiro masculino. Mas não tinham mictórios, apenas boxes individuais, com todas as portas fechadas. Um homem saiu de um deles, olhando para elas com o rosto franzido. Outros homens iam saindo dos boxes, percebendo que tinham mulheres ali e começando a rir. Elas não entendiam nada e começaram a rir junto com eles. Descobriram depois qual foi a confusão linguística que gerou o constrangimento, semelhante à de uma outra amiga. Os banheiros na ocasião eram diferenciados por *homens* e *mulheres*, e achou que *homens* era para o inglês *women*, e *mulheres* para inglês *men*, quando na verdade é ao contrário.

No fim das contas, Shinny não soube se decidir uma única experiência que levará para a vida. Todos os dias experimentava algo diferente e que a marcava. Todos os dias precisava ir a um restaurante ou supermercado, sempre encontrando algum brasileiro disposto a ajudar com traduções. Não sabe escolher apenas um momento. E soube rapidamente que gostaria de voltar mais vezes ao Brasil. Principalmente com sua irmã que adora praias. Quer retornar ao Rio de Janeiro e finalmente conhecer Salvador. Quer, acima de tudo, conhecer mais pessoas gentis e sentir-se envolvida novamente pela atmosfera acolhedora dos brasileiros.

MARC MICHIELSEN E FREEK BOMAS

Holanda

Todos os semestres, a Universidade Federal de Viçosa recebe alguns holandeses por um programa de troca de estágio. O número sempre varia. Há anos que recebemos três, outros anos são quatro ou até mesmo seis holandeses. Eles sempre tendem a se enturmar rapidamente, seja por já se conhecerem ou pela identificação étnica e linguística. No segundo semestre de 2019, Marc Michielsen e Freek Bomas eram dois dos três que vieram. Ficaram incrivelmente animados com a possibilidade de conversar sobre sua experiência no Brasil, mesmo que essa fosse de apenas um mês, e pediram que fizessem a entrevista em dupla. Nos encontramos à entrada do campus, nos apresentando pessoalmente pela primeira vez, com os dois arranhando o português na tentativa.

É impossível negar que dois holandeses chamam bastante a atenção em um mar de brasileiros, e durante nossa conversa na cafeteria passei a observar como eles interagiam entre si e com o ambiente para observar como o ambiente interagia com eles. Marc é o mais alto entre os dois. Cabelos castanhos, com a pele clara e maxilar bem marcado. Ele tem o corpo atlético e, mesmo que não se encaixe no estereótipo de holandês loiro, ele chamava a atenção por todo o caminho. Freek já é mais baixo que Marc. Loiro e de olhos claros, suas feições mais marcantes são o queixo e o nariz. Também chamava a atenção das pessoas ao nosso redor, que nem sempre disfarçavam. A aparência deles era um farol maior do que o inglês que falavam.

Pedimos apenas um café cada e iniciamos a conversa. Ambos muito receptivos a todas as perguntas feitas. Freek desenvolvia mais as respostas do que Marc, mas não era tão expressivo quanto o. Marc gesticulava mais abertamente, enquanto Freek parecia mais introvertido, com gestos tímidos. Ao final, na hora de pagar, Marc se ofereceu para pagar o meu café. Quando eu neguei, ele mencionou que não aceitar que outras pessoas paguem é outra coisa que eles não conseguem se acostumar facilmente. Apenas um dos muitos pontos em uma lista de diferenças culturais.

O programa de intercâmbio entre universidades brasileiras e holandesas consiste em uma troca de estágios, principalmente entre cursos de engenharia. Um dos programas de laboratório era localizado no prédio onde Marc e Freek estudavam nos Países Baixos. O sino batia indicando o fim de uma aula, e eles logo ajeitavam seus materiais e viam-se no corredor conversando com quem encontravam. Sempre foram carismáticos, trocando palavras com outras pessoas nos intervalos entre as aulas. E a curiosidade e o desejo intenso de conhecer novas pessoas levava os dois colegas de Engenharia Química a visitar os laboratórios do prédio com frequência.

Conheceram brasileiros que ali ficaram durante o semestre, incluindo um ou outro que estudava na Universidade Federal de Viçosa. O incentivo para participarem foi grande de todos os lados, e a decisão de se inscreverem veio rapidamente. Marc e Freek iniciaram as pesquisas sobre a abrangência do programa. Descobriram que ainda estava em expansão, incorporando quatro universidades holandesas e apenas três ou quatro outras universidades brasileiras além de Viçosa, como as federais de Belo Horizonte e Ouro Preto.

A inscrição era relativamente fácil. Entravam no site, colocavam seus dados na disciplina ou projeto que queriam fazer no Brasil, escreviam o motivo e recebiam uma resposta se passaram ou não. Escolheram juntos um projeto em Viçosa, pois, entre as opções, tinha o que realmente gostaram. *"Tivemos alguns colegas que vieram aqui para Viçosa no último semestre, e eles falaram que era a melhor cidade para estudantes estrangeiros"*, disse Freek, abrindo um sorriso tímido. Nenhum dos dois sabiam realmente o que esperar. Conversaram com conhecidos que já vieram e, apesar de todas as histórias que ouviram e da excitação que aumentava a cada dia que passava, sabiam que havia a possibilidade de terem experiências completamente diferentes das relatadas.

Com a resposta afirmativa à inscrição no projeto da UFV, eles começaram a procurar mais sobre a cidade. Não apenas com os colegas, mas com os brasileiros que ainda estavam na Holanda. Tiveram algumas disciplinas com eles e sempre que podiam estavam dispostos a ouvir sobre a cidade universitária do interior de Minas Gerais e seus muitos estudantes. Perceberam que era parecida com a cidade onde moravam: não muito grande, tendo a universidade como centro das atividades e permitindo que eles conhecessem várias pessoas diferentes. Para Marc, *"isso foi muito bom, porque gosto de conhecer novas pessoas, conhecer novas culturas"*, confessou.

A primeira semana em Viçosa havia sido de longe a mais notável. Com a ajuda do projeto Embaixadores, os dois amigos procuraram um lugar para morar pelos seis meses que morariam no Brasil. Antes mesmo de saírem dos Países Baixos, entraram em grupos de república para encontrar uma casa. Era angustiante e incomum a ideia de conversar com pessoas desconhecidas, definir algo tão importante quanto um teto sobre suas cabeças pelos próximos meses e não saber como são em aparência. O voo para o Brasil e a chegada até Viçosa foram relativamente tranquilos. Haviam combinado com seus novos colegas de república de se encontrarem na rodoviária, mas o ônibus acabou chegando pelo menos uns quinze minutos mais cedo.

Marc e Freek se entreolhavam, inquietos. Estavam em uma cidade desconhecida, em um país do outro lado do oceano, sem saber nem o endereço de onde iriam morar. Retiraram as malas do ônibus e se sentaram nos bancos no único terminal rodoviário da cidade. Esperaram durante vários minutos, sem outra opção vindo à mente. Finalmente eles chegaram, pedindo desculpas por deixarem os dois esperando. Todos eles estavam em aulas até tarde, então foram direto para casa quando se encontraram, sem a oportunidade de conhecerem lugares interessantes na cidade que os pudessem ser úteis no futuro.

Quando puderam desfazer as malas, a sensação que se apossou deles foi um pouco estranha. A ideia de que viveriam ali pelos próximos seis meses ainda era algo para se acostumar. No fundo, Feek sentia que era como se estivessem fazendo apenas uma viagem e *"mesmo depois de três semanas ainda sentimos como se fosse férias"*, era o que Marc dizia. Naquela mesma semana, no primeiro sábado que passaram em Viçosa, eles participaram da primeira festa brasileira. Era uma festa de integração dos Embaixadores que acontecia nos dois primeiros meses do semestre letivo com o intuito de receber os estudantes de mobilidade que chegavam. Freek e Marc chegaram na república onde seria a festa e não sabiam o que esperar. Repararam que eram diferentes das outras pessoas ali, e imediatamente todos sabiam que eles não eram do Brasil.

Não demorou muito para que os dois percebessem também que os brasileiros eram mais calorosos. São pessoas com mais contato físico, principalmente quando se cumprimentam, e Marc pensou que seria um problema para pessoas que não gostam ou não estão acostumados com abraços. Mesmo com a surpresa, era algo que foram avisados para esperar. *"Os brasileiros que foram para a Holanda nos falaram sobre isso"*, explicou Freek. *"mas eu sinto que se eu não soubesse antes, eu estaria 'o que está acontecendo?'"*, continuou. As pessoas dos Países Baixos são mais introvertidas e não puxam assunto facilmente com pessoas não próximas. E no Brasil conhecidos, colegas de república ou pessoas que apenas convivem ocasionalmente com eles perguntavam como eles estavam, como havia sido o dia, de onde eram ou se estavam se adaptando bem. *"Eles querem realmente saber sobre você"*, maravilhou-se Freek. *"E a reação deles era engraçada, sabiam que não éramos daqui"*. Marc soltou um *"gringos!"* ao fundo, rindo.

Foram realizados encontros entre brasileiros e holandeses ainda na Holanda, então já sabiam algumas diferenças culturais básicas. Tais encontros foram organizados pelos brasileiros quando Marc, Freek e mais duas ou três pessoas mostraram interesse em participar do programa de intercâmbio. Um dos brasileiros que esteve na Holanda e criou um vínculo de amizade com eles, inclusive, já havia retornado quando eles chegaram, ajudou-os na adaptação em Viçosa. Mantiveram também contato com as outras pessoas que estavam no programa, e a conexão com o escritório internacional no Brasil era bem próxima. Sempre que tinham qualquer pergunta ou dúvida a resposta era imediata. Também ajudaram os holandeses no Brasil com a parte burocrática, e foi bom ter alguém para explicar como prosseguir, já que haviam vários vistos diferentes para tirar.

Não foi uma adaptação fácil. Apesar de toda a pesquisa feita sobre a cultura brasileira, algumas diferenças ainda os surpreenderam. Uma delas foi o almoço. *"Você tem que tirar tempo para sentar-se e comer. Tipo, duas horas!"*, Freek exclamou, exasperado. Na Holanda, as pessoas tiram quinze minutos do dia para almoçar, geralmente comendo apenas um sanduíche, Marc explica. Ele ainda complementa que *"a comida em si não é tão diferente, o que é diferente é apenas o jeito de comer."* Brasileiros costumam comer macarrão, arroz, feijão e verduras em um prato só, enquanto para eles cada um desses é consumido em pratos separados.

E, claro, não podiam deixar de experimentar o brigadeiro. Tornou-se quase uma rotina para os voluntários do projeto Embaixadores e para pessoas que recebiam estudantes estrangeiros em suas repúblicas apresentar comidas típicas, incluindo o doce brasileiro. *"Era como se pegasse um pote de Nutella e simplesmente comesse direto"*, contou Freek. Um dia, seus amigos estavam comendo no sofá. Marc e Freek ainda não sabiam o que era. Viam apenas um pote com uma substância leitosa e escura.

– O que você está fazendo? – perguntou Marc, vendo que todos na casa estavam com uma colher na mão, revezando-se para pegar do pote.

Um deles correu na cozinha e voltou alguns segundos depois com mais duas colheres na mão.

– Vocês precisam experimentar isso!

Eles pegaram um pouco com as colheres e levaram à boca com certo receio. "É bom", tinha pensado Freek, *"mas muito doce"*. Algumas colheres já eram o suficiente.

Sentem falta, principalmente, do tempo. *"Aqui você pode estar quinze minutos atrasado e está tudo bem"*, maravilhou-se Marc, sempre acostumado à pontualidade. Eles faziam aula de português para estrangeiros, e os alunos que chegavam atrasados podiam entrar normalmente. Não estavam acostumados com isso na Holanda. Se chegassem até mesmo cinco minutos atrasados, eram impedidos de entrar em sala de aula. Sentiam que o tempo era um pouco mais flexível comparado à Europa. "É um pouco irritante, às vezes", confessou Freek, combinar o que quer que seja com alguém para falar sobre o projeto ou outra coisa e ficar muitos minutos esperando. Sempre tem a sensação de que poderia estar fazendo tanta coisa nesse meio... é algo que precisou aceitar e se adaptar, mesmo que com certa relutância.

Entretanto, não teve nada mais difícil de se adaptar do que à língua. Depois de algumas semanas conseguiram lidar com situações rotineiras, como em lojas, restaurantes e pedidos de entrega. *"Mas 90% das vezes não sabemos o que eles querem dizer"*, confessou Freek. A maioria das pessoas com quem Freek e Marc tiveram que lidar até aquele momento eram brasileiros sem conhecimento em inglês, então os dois ficavam perdidos sempre que começavam a falar em português em ritmo acelerado. *"E quando falamos que não entendemos, eles falam 'ok' e continuam falando rápido"*, ele riu. *"Não é fácil aprender português, é uma língua bem difícil, com diversas palavras e mesmo que soam parecidas, ainda escrevem completamente diferente."* Em casos em que não conseguem arranhar o pouco da língua que aprenderam, a solução sempre era pegar o celular do bolso e utilizar o Google Tradutor.

Não puderam ver muitos lugares durante suas primeiras três semanas. Enquanto algumas vezes parecia que estavam apenas fazendo uma viagem turística, em outras era como se tivessem passado uma vida inteira. Foram em festas todos os finais de semana e conheceram muitas pessoas em Viçosa. Planejavam ir à Guarapari em uma viagem organizada pelos Embaixadores e ao Rock in Rio em outubro daquele ano. Queriam conhecer Ouro Preto, cachoeiras mineiras e aproveitar os feriados que teriam e sugestões de conhecidos. Queriam aproveitar cada segundo no país e gravar momentos marcantes de sua passagem em suas memórias por um longo tempo.

MICAILO CHAMES M. FREITAS

Angola

Micailo era mais retraído, mas não desviava o olhar do meu. Estava tímido e nervoso por ser uma entrevista (ele mesmo comentou sobre antes de começarmos), mas na metade ele já parecia mais confortável à medida em que eu conduzia tudo mais como uma conversa informal. Nos encontramos em uma cafeteria e isso o deixou mais tranquilo. Era o personagem que passou mais tempo em Viçosa, finalizando a graduação e estudando para fazer o mestrado. A história que você lerá se refere à nossa entrevista em 2019. Entrando em contato novamente com Micailo em 2022, descobri que iniciou o mestrado no Rio de Janeiro e trancou-o após um ano. Atualmente reside em Araponga e visita Viçosa com frequência.

A primeira vez que pisou em solo viçosense foi em 2011 e Micailo Chames Freitas foi se apaixonando pela cidade aos poucos. Não foi a primeira vez que saiu de seu país natal, mas foi marcante o suficiente para que não tivesse pressa de retornar. Não sente falta da família da forma que muitos colegas africanos sentem – talvez de seu irmão, que foi muito próximo durante toda a sua vida. Micailo foi acostumado a ficar longe da família desde criança. Sua mãe estava sempre precisando viajar a trabalho e deixava o pequeno Micailo, de seis anos, e o irmão aos cuidados de alguns primos mais velhos. Ela retornava, ficava apenas cinco ou sete dias em casa antes de partir novamente para ficar de três a quatro meses fora.

Quando tinha nove anos, o país entrou em guerra. A mãe rapidamente tirou seus filhos do país, e assim ficaram durante os próximos cinco anos se comunicando apenas pelo telefone. Micailo retornou à Angola quando entrou no ensino médio, mas a mãe continuava viajando, e o contato ainda não era frequente. Começou seu curso de graduação ainda na Angola, porém assim que surgiu a oportunidade, após um ano, de se formar em Economia no Brasil não hesitou em se inscrever no programa de intercâmbio. No ano em que havia se formado no ensino médio, a diretora de sua escola havia selecionado alguns alunos para uma bolsa. Os nomes foram passados para uma agência pública do Estado que faz a seleção das bolsas, e depois de alguns meses ele foi chamado. Inscreveu-se e escolheu o curso que gostaria de cursar, mas é a própria embaixada brasileira sediada na Angola que faz a seleção da instituição de acordo com a disponibilidade de vagas.

Micailo sabia que não seria uma adaptação tão difícil. Já conhecia a cultura brasileira. Os angolanos têm muita influência por meio das novelas, moda, música, praticamente tudo. Ele tinha bastante conhecimento do Brasil devido também aos noticiários, mas se surpreendeu quando conheceu mais o país. Desembarcou no Rio de Janeiro e lá ficou durante uma semana. Com certo receio devido à criminalidade noticiada nos jornais que assistia, tentou aproveitar o que a cidade oferecia. *"Minha mãe ficou com muito medo e quase me impediu de vir"*, ele confessou, *"mas depois de alguns dias vimos que não era bem assim igual a televisão mostra"*. Ainda assim, andava na rua com muito cuidado. Não levava documentos na carteira por precaução. Quando chegou em Viçosa, o alívio de ver que a criminalidade não era tão exacerbada foi ainda maior. Não era como se não existisse, mas estava preocupado com a segurança. Além disso, ficou também surpreso com o tamanho da cidade mineira. Os primeiros dias que passou no país foram no Rio de Janeiro – uma cidade grande, cheia de praias e movimentada. Estava acostumado a ver apenas o Rio, São Paulo e Belo Horizonte na televisão, então achava que a maioria das cidades eram assim, principalmente as universitárias. Mesmo assim, o *campus* era encantador.

Os primeiros quatro ou cinco dias em Viçosa foram difíceis. Micailo veio com um amigo, mas nenhum dos dois conhecia nada. Na época, o projeto Embaixadores ainda não existia, e a universidade não havia fornecido nenhum tipo de informação necessária para que pudessem se adaptar. Até foram ao *campus* para saber os passos a serem dados, por exemplo, onde poderiam se hospedar, mas não foi de muita ajuda.

– Não podemos receber estrangeiros no alojamento – era o que respondiam e só informaram o dia que ocorreria a matrícula.

Saíram de lá aborrecidos e foram à procura de um hotel. Novamente, veio a frustração: as diárias eram caras, e não sabiam por quanto tempo dependeriam de hotéis. Tinham medo de gastar todo o dinheiro que tinham. Conseguiram, com a ajuda de representantes da universidade, uma vaga em um hotel que hoje já não existe mais. *"O lugar era horrível, mas era o que podíamos pagar"*, suspirou Micailo.

Segundo ele, o quarto era horrível. As paredes estavam descascando, o colchão era duro, o espaço era pequeno e o ar cheirava a urina. Porém, não tinham outra alternativa e ficaram lá por dois ou três dias. Não era uma realidade a que estavam acostumados e ponderaram a ideia de voltar para a Angola. No terceiro dia, foram a uma imobiliária e lá encontraram alguém que conhecia alguns africanos na cidade.

Explicaram a situação que estavam passando, e a mulher se comoveu. Rapidamente ligou para um dos amigos africanos que conhecia e passou o número de Micailo para eles. Em poucas horas eles foram ao hotel onde Micailo e seu amigo estavam hospedados. Ambos foram bem recebidos nas casas de membros da comunidade africana em Viçosa e foram apresentados a vários pontos da cidade que poderiam vir a frequentar. Todas as informações necessárias sobre o dia da matrícula foram passadas aos dois, inclusive sobre o documento da Polícia Federal que precisavam regularizar. *"Ele foi praticamente um pai para a gente"*, disse Micailo, com um sorriso cheio de gratidão. A partir daquele momento, ele teve alguém em quem se amparar. Esse era um dos objetivos da comunidade africana.

A recepção dos brasileiros depois disso foi bastante agradável. Micailo sentiu que no início se aproximavam por curiosidade, para saber sua história e de onde vinha. E mesmo aqueles que não tinham muito contato foram simpáticos em seu convívio. Não sentiu nenhuma hostilidade, mesmo que às vezes tivesse que ouvir perguntas inoportunas que se tornaram rotineiras. Na Angola usavam o Facebook? Usavam o Instagram? Precisavam caçar para comer? Costumavam caçar leão? Vieram de barco? *No início eu achava que era preconceito, mas depois eu fui vendo que era falta de conhecimento e curiosidade*", ele contou. "*Talvez por aquilo que a mídia mostra na televisão, eles tinham a percepção de que lá era desse jeito*", completou. Mas, no geral, sentiu que os mineiros eram como os angolanos: receptivos, amigáveis e brincalhões. Desde que veio para o Brasil já esteve em São Paulo e no Rio de Janeiro, e ninguém o recebeu tão bem quanto os mineiros.

Esteve ciente, no entanto, do preconceito sofrido por negros em geral. Principalmente quando entram em lojas. "*Você vê que o atendimento é diferente*", ele disse, com um suspiro decepcionado. Perdeu as contas de quantas vezes entrou no supermercado e o segurança o seguiu entre os corredores. Ou de quantas vezes entrou em uma loja para comprar roupas e foi recebido com olhares vigilantes de soslaio e uma careta mal disfarçada, mas nunca com uma aproximação suave e um sorriso gentil. "*Pelo menos até o momento em que abri a boca*", revelou, recordando-se de como a postura das atendentes mudavam quando viam que era estrangeiro. A coluna se aprumava, os dentes eram revelados em um sorriso feroz e se via, de repente, cercado da mesma atenção que recebeu instantaneamente o homem branco que entrou depois dele.

Foi quando viu que realmente havia preconceito. Um preconceito velado e sutil, que talvez uma pessoa mais inocente não teria reparado; que talvez o homem branco que não recebera o mesmo escárnio das atendentes não teria reparado. Micailo sabia que, se não tivesse proferido palavra alguma ou se seu sotaque fosse levemente diferente, não teria sido atendido. "*Eles acham que estrangeiros têm dinheiro, que vão comprar muito, mesmo que nem sempre isso seja verdade*". Ele sabe que sua posição de estrangeiro o permite privilégios sociais. Sabe ainda que, se fosse um negro brasileiro, estaria em uma situação completamente diferente.

Durante os anos em que esteve em solo brasileiro, Micailo retornou à Angola duas vezes, e sua mãe o visitou apenas uma vez, em 2018. Mas não pretendia voltar em definitivo. Começou a estudar para fazer mestrado aqui mesmo, para não voltar. Adora Viçosa e já se sente em casa, já se sente mineiro. Sua adaptação não foi complicada, principalmente porque as diferenças culturais não são tão acentuadas. Alguns pontos divergem. Hábitos como beijar várias pessoas em uma festa ou a forma como um aluno trata um professor abertamente e com informalidade o surpreenderam no início, mas se acostumou ao perceber que era algo normal para brasileiros.

Quando questionado sobre a comida, ele sempre responde que depende. Angola também foi colônia de Portugal até 1975 e com isso recebeu algumas das mesmas influências que o Brasil, inclusive na culinária. Alguns pratos típicos são diferentes, bem como o tempero. Ele tentou improvisar algumas refeições angolanas, mas sempre conseguia apenas alguns dos ingredientes necessários. Pelo menos em Viçosa, era muito difícil encontrá-los, então acabava fazendo uma mistura entre pratos dos dois países. Quando ia ver sua família, nunca chegou a tentar fazer algo brasileiro para comerem – queria aproveitar tudo o que o Brasil não oferecia.

"*Lá nós temos um certo protocolo*", ele repetiu ao se recordar das vestimentas usadas pelos estudantes no *campus* da UFV. O uso de shorts, blusas com decotes e até mesmo o boné é proibido nas universidades angolanas. Ao ponto de os seguranças o proibirem de adentrar à instituição. Mesmo quando o aluno alcança a sala de aula, se o professor o ver, ele irá expulsá-lo. Dentre todos os hábitos e costumes em comum entre os dois países que têm o português como idioma oficial, Micailo estranhou que o vestuário não fosse um deles. Assim como o cabelo. Não se pode ir com qualquer penteado em uma faculdade na Angola – com tranças ou dreads, por exemplo.

Se tem um costume brasileiro que o marcou muito e pretende levar para sua vida é a relação com os pais, a aproximação e amizade. É verdade que em certas ocasiões viu filhos ultrapassando os limites e sendo desrespeitosos com os pais, porém Micailo ficou encantado com todo o resto. Sempre esteve acostumado com uma relação familiar completamente diferente, tanto para si mesmo quanto para seus conterrâneos.

Nunca viu um vínculo tão aberto, devido principalmente à cultura rígida em que foi criado. *"Minha mãe, por exemplo, nunca falou coisas a respeito de relações sexuais"*, confidenciou o angolano. Talvez isso teria recaído como responsabilidade de seu pai, mas este se foi há muito tempo, e acredita que a mãe deveria tê-lo guiado no assunto. *"Mas ela nunca me passou uma educação sexual. O que eu aprendi foi fora, com amigos mais velhos e tios"*, revela. Ela nunca teve o costume de ter uma conversa franca com os filhos, e a cultura onde cresceram nunca os permitiu ultrapassar tal receio. Ao contrário, nas famílias brasileiras, Micailo vê, além da relação de parentesco, uma verdadeira amizade. E tem a certeza de que, quando tiver seus próprios filhos, quer que o vínculo seja de respeito aos pais, mas, acima de tudo, do mesmo companheirismo que tanto admirou no novo país que chama de lar.

ANA CAROLINA FLORES MAYORGA

Honduras

Ana é uma pessoa ocupada. Estando no final do curso de Medicina Veterinária em 2022, foi um pouco difícil conciliar horários para que a entrevista fosse realizada. Mas, por fim, em uma terça-feira à noite, quando o Café do Especialista estava quase fechando, ela aconteceu. Não foi uma conversa difícil e cheia de pausas. Ana estava confortável e animada para compartilhar sua história e os vários momentos que marcaram sua estadia no Brasil, seja em Viçosa ou em Niterói.

Ana Flores, como é mais conhecida por seus amigos brasileiros, nasceu na Nicarágua, mas veio ao Brasil como hondurenha. Sua mãe é nicaraguense e seu pai é hondurenho, então ela possui ambas as nacionalidades. A família se mudou para Honduras quando ela tinha um ano de idade por causa do trabalho do pai como engenheiro florestal. Sua mãe já foi de tudo: desde engenheira florestal a pedagoga.

Sua melhor amiga é sua irmã gêmea, Maria Alejandra, apesar de ter mais três irmãs e três irmãos, todos mais velhos. Se formaram juntas no ensino médio, mas nunca estiveram na mesma sala. Sua mãe sempre as colocava separadas – achava que, caso estivessem juntas todo o tempo, não ficariam independentes. *"Por isso eu estou aqui e ela lá"*. Ana contou que sua irmã foi para a Nicarágua, mais ou menos na época que ela veio para o Brasil. Maria Alejandra cursou Medicina e já se formou. Havia sido aceita também no programa de intercâmbio para o Brasil, na Universidade Federal de Pelotas. No entanto, o processo de quase um ano para aprender a língua e só depois iniciar a faculdade de fato ainda com o risco de não conseguir ser aprovada na prova de português e acabar voltando a desanimou. Ainda mais porque estudar Medicina já era difícil, então não quis perder esse tempo.

Ao contrário, Ana estava confiante em vir ao Brasil. Não queria seguir a mesma carreira dos pais. Nunca gostou tanto de estatística e números como gosta de biologia. Com a decisão acertada de que cursaria Medicina Veterinária, passou algum tempo conversando com tio Flores, por parte de pai, que exerce a profissão na Itália.

– Tio, eu estou pensando em ir para a Itália – ela dizia.

– Não, não vem para a Itália, filha – ele respondia e, quando questionados, acrescentava. – Na Itália, você não consegue mexer em muitos animais na graduação. Você só vai conseguir quando se formar.

E então explicava que os italianos utilizavam de outra técnica de aprendizado. – Não, filha, venha quando quiser fazer pesquisa. Mestrado, doutorado..., mas para graduação sugiro que você olhe o Brasil.

Então, Ana iniciou as pesquisas de quais universidades brasileiras serviriam para aquilo que gostaria de seguir. Olhou a fundo como era o ensino da veterinária e percebeu que era realmente muito bom. Universidades como a Universidade Federal de Minas Gerais (UFMG), Universidade de São Paulo (USP), Universidade Estadual Paulista (UNESP) e Universidade Federal de Viçosa (UFV) estavam no topo do ranking de melhores universidades para o curso que queria. Quando a Embaixada disse que ela tinha duas opções de escolha, Ana logo colocou UFMG e UFV. Foi aceita nas duas, mas pelo estilo de vida na cidade e pelo *campus* de Viçosa trabalhar mais com animais de grande porte, como vacas e cavalos, escolheu a universidade na cidade interiorana. "É engraçado que as pessoas perguntam como cheguei aqui em Viçosa, mas não sabem a reputação que a UFV tem".

Antes disso, claro, ela precisava passar um tempo estudando a língua portuguesa. Ana não teve oportunidade de escolher para qual faculdade iria. A Embaixada selecionava o *campus* para estudar português, e Ana desembarcou no Brasil em 2016. Ela passou seis meses na Universidade Federal Fluminense (UFF), em Niterói, no estado do Rio de Janeiro, para aprender a língua. Foi uma época de greve estudantil em diversas universidades do país, então o Departamento de

Letras quase não ofereceu aulas, e ela precisou estudar por conta própria boa parte do tempo. *"E eu lembro que foi a primeira vez que vários de Honduras não passaram na prova de português"*, ela contou. E acrescentou que um dos problemas para os estrangeiros é a vergonha de falar em português. O importante é perder o medo e conversar, praticar.

Ana conheceu diversas pessoas que não queriam praticar o português. Não falaram absolutamente nada na língua e perdiam a oportunidade de aprender e dominar a língua. Uma delas, inclusive, morou com Ana no tempo em que esteve em Niterói. A garota não gostava de sair de casa e se colocar em situações em que precisaria falar português. Muitos hondurenhos assim iam bem na parte escrita da prova de português, mas foram reprovados na parte oral. E aquele tinha sido o ano em que três hondurenhos foram reprovados, um fato que não acontecia há muito tempo.

Em 2016 foi o ano em que as Olimpíadas foram sediadas no Brasil, e Ana gostou muito. Tinha conhecido alguns estrangeiros que souberam da oportunidade de participar da abertura das Paraolimpíadas.

– Vamos participar! – eles disseram. – Nós podemos participar da abertura!

Ana arregalou os olhos, surpresa. – Sério? Achei que só os brasileiros podiam participar.

E ela foi. Junto com alguns amigos, eles foram até o Maracanã e passaram por um teste para saber qual seria a melhor área para performar na abertura. *"No meu tinha aquela abertura que você levava as peças para formar a figura de um coração"*, ela recordou. Todos receberam uma carteirinha de identificação que permitia a entrada na balsa que faz a travessia Rio-Niterói diariamente para participar dos ensaios. Eles duraram cerca de três semanas, e, no dia da apresentação, foram entregues uniformes e disponibilizaram maquiadores. Ana ficou encantada com tudo aquilo. Conheceu o Maracanã por dentro e por fora. E aprendeu a sambar ali, nos intervalos entre uma apresentação e outra durante a abertura.

Teve a oportunidade de assistir a alguns jogos olímpicos, principalmente o vôlei de praia e o futebol. Assistiu também à semifinal do futebol masculino com alguns outros hondurenhos com quem tinha feito amizade. Era uma quarta-feira, dia 17 de agosto. Ana tinha ido ao Maracanã vestindo a camisa de seu país e estava entusiasmada. Porém, a derrota contra Honduras veio com um placar de 6 a 0 para o Brasil, com direito a um pênalti nos últimos minutos dos acréscimos[6].

Alguns meses depois, Ana fez a prova de português. No entanto, precisou aguardar alguns meses para saber se foi aprovada. A matrícula na UFV estava feita, mas precisava aguardar o resultado para iniciar as disciplinas como caloura oficialmente. Retornou à Honduras para a casa dos pais e lá passou um ou dois meses antes que a nota fosse divulgada, em dezembro daquele ano. E, finalmente, em março de 2017, ela se instalou em Viçosa, onde passaria os próximos anos. Viajou sozinha, sem ninguém da família acompanhando-a. Nem mesmo conseguiram visitá-la desde que ela havia se mudado. Mas sempre prometem vê-la na formatura.

Mesmo antes de chegar recebeu o e-mail de um estudante brasileiro. O e-mail padrão era em espanhol, e Ana se orgulha de poder ter respondido que *"pode mandar em português que eu sei"*. Douglas foi o Embaixador designado a ajudá-la no que fosse necessário, e mantiveram contato durante as semanas antes de chegar à cidade. Ele, inclusive, ajudou-a em como encontrar uma república para ficar.

Estava procurando nos grupos do Facebook e, por acaso, encontrou uma hondurenha, Aurora. Era veterana do curso de Veterinária, matriculou-se em 2015. Aurora viu que Ana era caloura e rapidamente adicionou-a nos grupos do curso, em que é costume que os calouros respondam um formulário para se conhecerem melhor. *"Eu mal sabia aquele português*

---

6 Informações obtidas em: https://www.gazetaesportiva.com/times/brasil/selecao-brasileira-atropela-honduras-e-alcanca-sua-quarta-decisao-olimpica/. Acesso em: 26 ago. 2022.

e só respondia 'não sei o que está falando aqui'", ela comentou sobre as perguntas informais do formulário. Não estava acostumada ainda àquelas palavras que não aprendeu na sala de aula. Seus veteranos comentavam sobre ter uma nova hondurenha no curso, e Ana ficou sem entender até que Aurora enviou uma mensagem para ela em espanhol. Surpresa, Ana respondeu em português e só acreditou mesmo quando Aurora disse a palavra *maje*, uma gíria hondurenha conhecida por quase todo o país. "É como o cara *ou* véi *dos mineiros*", ela explicou. Foi Aurora que conseguiu um lugar para ela morar. Explicou que uma menina tinha acabado de deixar sua república e rapidamente ofereceu a vaga a Ana. Elas nem mesmo se conheciam, Ana sendo da capital, Tegucigalpa, e Aurora do litoral.

Ana Flores não conheceu nem Aurora nem Douglas enquanto as aulas não começaram, e ela chegou dias antes. Era fevereiro, em plena época de carnaval e os estudantes que vinham de fora mal começaram a retornar. Douglas a teria recebido, mas também estava fora da cidade, e Aurora não tinha comprado sua passagem ainda. Ana não sabia que era carnaval quando comprou a sua. Os voos também não eram diretos de Honduras para o Brasil. Sempre precisava fazer escala no Peru, na Costa Rica, no Panamá, na Colômbia ou até mesmo em Miami, nos Estados Unidos. Ana havia visto muitas imagens do *campus* da universidade e se encantou por ele, mas não conheceu mais a fundo a cidade, nem mesmo com a ajuda de Douglas. Então, quando desceu do ônibus na rodoviária, ficou um pouco perdida e confusa.

– Isso aqui é Viçosa? – Ana se perguntou, vendo que a rodoviária tinha um único terminal. Pegou suas malas, subiu as escadas que levava à saída e se viu de frente para uma avenida não muito grande.

Por sorte, havia alguns táxis ao lado da entrada e, carregando as malas até o carro mais próximo, utilizou do português recém aprendido para se comunicar.

– Você sabe onde é a Santa Rita?

O taxista assentiu e a ajudou a colocar suas coisas dentro do porta-malas. E Ana sentiu que mal havia entrado no banco de trás antes de pararem novamente. O homem já parava a corrida e dizia quanto havia ficado.

– Aqui é a Rita? – perguntou Ana, para ter certeza. Não parecia que poderia ter chegado tão rápido. Talvez nem precisava ter pedido um táxi para chegar ali.

Acomodou-se na república e saiu novamente, querendo conhecer a cidade. Aurora havia enviado a ela o contato de alguns amigos colombianos que já haviam retornado e que tinham se oferecido para guiá-la. O primeiro lugar que conheceu com eles, claro, foi a Avenida Santa Rita – ou apenas Rita, como é mais conhecida pelos estudantes universitários. É famosa, principalmente, pelos bares espalhados por ela, lugar de concentração dos estudantes à noite, e Ana se orgulha de *"ser ritinha desde o começo"*. Quando retornou para a república, já mandou mensagem para Douglas para contar suas impressões. Da primeira vez que esteve no Brasil, havia ficado em Niterói e frequentemente ia até o Rio de Janeiro. Descobrir que Viçosa era uma cidade muito menor do que imaginava foi uma surpresa.

Foi quando descobriu que Douglas tinha arranjado um Embaixador que também se ofereceu para ajudá-la na cidade. Não chegou a vê-lo no primeiro dia, já que a internet estava instável durante a viagem, e depois se encontrou com os colombianos. Quando finalmente o conheceu, ele disse que a viu com os colombianos na Rita, mas que ela *"já estava longe"*.

Quando finalmente conheceu Douglas, eram raras as vezes que podiam se ver pessoalmente. Cursando Medicina Veterinária, Ana tinha horários *"muito esquisitos"* e mal conseguia fazer qualquer coisa fora do curso. Não conseguiu participar de nenhuma atividade planejada pelos Embaixadores devido a isso, e a única festa em que conheceu outros estrangeiros foi organizada pela comunidade latina da cidade.

No geral, Ana foi recebida muito bem pelos brasileiros. Um único episódio a deixou chateada. Aconteceu lá no início, quando descia no Rio pela primeira vez antes de iniciar os estudos de português. Iria ficar alguns dias na casa de um conhecido até encontrar um lugar mais permanente e decidiu pegar um táxi do aeroporto até lá. O taxista cobrou R$ 260, e Ana ainda não sabia manejar o real, que é completamente diferente da lempira hondurenha a que estava acostumada. Imaginou que devia ser igual ao peso colombiano e estava prestes a entregar o dinheiro quando o conhecido que a abrigaria desceu as escadas do prédio e apoiou os braços cruzados na janela do carona.

– Quanto ficou? – ele perguntou ao motorista.

– 64,00 reais – respondeu o taxista, sabendo que não podia esconder o taxímetro de um brasileiro.

– O quê?! – espantou-se Ana. – Ele estava querendo me cobrar 260,00 reais.

– Então ele está querendo roubar você.

Na época, Ana não sabia nem mesmo falar um "*oi*" em português. Hoje em dia, residindo em Viçosa, Ana conta que quando perguntam se ela sabe a língua, ela responde que sim, sabe muito bem. Mas o português que aprendeu foi sozinha. Sabe que outras pessoas de Honduras que estudaram em outros lugares sabem também, porém um português diferente, pois não tiveram que se virar em um estudo independente. Quando chegou à universidade, Ana acreditou que tinha aprendido a língua o suficiente para acompanhar as aulas, mas se enganou. A linguagem e o ritmo utilizados pelos professores eram muito diferentes. Não podia pedir para os professores falarem mais devagar e diminuir o ritmo da turma.

Quase desistiu de continuar o curso já no primeiro semestre. Ligava para seus pais e passava horas desabafando. Chegou a chorar um dia com seu pai, dizendo que não estava indo bem nas disciplinas. Ana sempre foi uma pessoa aplicada, estudando rotineiramente e indo bem no que se propunha a fazer. Porém, ao chegar na faculdade, ela começou a ir mal nas provas e reprovou em várias disciplinas.

– Eu não estou acreditando – ela dizia ao seu pai, um de seus maiores apoiadores. – Isso aqui não é para mim.

– Você que sabe o que está fazendo, minha filha – ele respondia, sem querer dizer a ela qual caminho ela devia seguir. – É a sua decisão.

Depois disso, Ana refletiu bastante sobre suas possibilidades. Sempre se perguntava *"por que estou aqui?"*, para recordar-se dos motivos que a trouxeram até Viçosa. Não há muitos veterinários em Honduras, então queria mesmo fazer este curso e estudou muito para estar aqui. E iria batalhar para continuar. *"Eu tentava ser minha própria cheerleader"*, ela contou, *"sempre repetia 'você pode, você consegue' ou um 'eu vou tentar melhorar'"*. E melhorou. Não foi uma melhora imediata e nem completa. Começou a tirar 60, 65 nas disciplinas, depois 75, 80, 90. Houve pessoas que se adaptaram muito mais rápido aos estudos. Entretanto, no curso de Veterinária é necessário um foco maior, e Ana sentia que no início ela mesma colocava empecilhos. No primeiro ano de faculdade já tinha entrado na LUVE, a Associação Atlética Acadêmica da UFV. Entrou também na Atlética das Agrárias, fazia parte de um projeto de pesquisa, além de 27 créditos (horas/aulas) de disciplinas. *"Eu mesma estava me colocando pedras em cima"*, ela refletiu e percebeu que precisava focar em algumas coisas e deixar outras para trás. Saiu da LUVE, onde jogava vôlei, e depois voltou para as Agrárias com horários mais flexíveis. Mas sempre continuou os projetos de pesquisas que eram necessários para o curso.

Sua história mais marcante, inclusive, foi em um campeonato de jogos universitários. Em 2019, Ana viajou para competir nas modalidades de vôlei de praia e de quadra na LIU (Liga Interestadual Universitária). Esta edição ocorreu em Uberaba e reuniu um público de 25 mil pessoas para cerca de 1.500 disputas coletivas e individuais em 32 modalidades[7]. Ana e sua dupla para o vôlei de praia estavam focadas em ganhar.

– A gente vai ganhar, a gente vai arrasar – era o seu mantra.

Sua amiga quase não bebia e, para focar ainda mais na competição, não bebia álcool algum durante as festas noturnas que ocorriam. Ana, por não querer atrapalhá-la bebia no máximo um único copo de cerveja. Via as pessoas ao redor, colegas de atlética, aproveitando completamente a festa e bebendo muito, mas nenhuma das duas se deixou levar e mantiveram seu foco. Foram recompensadas por isso: foram ganhando jogo após jogo. Porém, em uma das últimas, na véspera dos jogos decisivos, Ana perdeu seu foco. Todos estavam aproveitando a festa, e ela queria curtir ao menos uma antes de retornar para casa. Então pegou um copo e começou a beber. Mas não parou por aí. Quando deram quatro horas da manhã, ela *"tomava um litrão de água igual louca"*, pois seu primeiro jogo do dia estava marcado para às oito horas.

Sua amiga ficou sem acreditar, mas Ana ainda mantinha a esperança de que iriam ganhar. Não dormiu por um único segundo a noite inteira, então comprou um energético. Foi até a areia bebendo água e energético, para se manter acordada. Ganharam o primeiro jogo do dia e seguiram para a semifinal. Ana comprou mais um energético e ignorou suas mãos tremendo.

– Estou morrendo, mas a gente vai jogar – disse para a sua amiga, que a observava preocupada.

Eram apenas as duas no vôlei de praia, não tinha como ninguém a substituir, então Ana aguentou firme. Mas então suas oponentes entraram do outro lado da rede, e Ana arregalou os olhos. Já não sabia mais se seu coração palpitava pela falta de dormir, pelo energético no sistema, pelo esforço do último jogo ou porque uma de suas adversárias parecia ser uma cabeça maior do que elas e tinha o corpo em forma, até mesmo com abdômen marcado.

---

7 Informações obtidas em: https://jmonline.com.br/novo/?noticias,2,CIDADE,225793. Acesso em: 31 ago. 2022.

Ana olhou para sua amiga, sentindo o desespero se infiltrando por seus poros.

– Amiga – foi tudo o que disse.

– Foca – foi a resposta que recebeu de sua parceira, que também tentava não se deixar abalar. – Não tem nada a ver com vôlei, vai que ela não é boa.

Mas ela era muito boa. Ana quase não parava um único segundo. Tentava se manter acordada e focada no jogo. Jogava água gelada no rosto quase tanto quanto a bebia. Estavam indo bem, mantendo-se firmes contra as adversárias. Mas quando Ana se jogou no chão para tentar pegar a bola, seu pescoço *"meio que dançou e ficou mole"*. Ficou deitada no chão, sem conseguir mover seu pescoço. O jogo foi paralisado, e a ambulância foi chamada. Os paramédicos a imobilizaram e a levaram para o hospital. Sua amiga foi junto.

– Não acredito – Ana suspirou, derrotada e cheia de areia no corpo, enquanto elas aguardavam no hospital para um raio X.

Sua amiga estava sentada na cadeira ao lado da maca e estava tão cheia de areia quanto Ana. – A gente ia ganhar.

Era apenas uma constatação de fatos para elas. Ana, sempre muito competitiva, franziu o rosto, desgostosa.

– Não me lembra.

Ana se lembra dessa espera como se fosse um filme de terror. Era noite e as luzes do corredor já mal iluminado piscavam a cada poucos segundos e havia uma mulher idosa passando várias vezes na frente delas. *"Olhava só para mim, para minha amiga não"*, contou Ana. O médico retornou com o resultado dos exames e informou Ana que ela tinha uma inflamação entre as vértebras, mas não era nada muito grave. Ele a injetou com anti-inflamatório na veia e a liberou não muito depois.

– A gente vai na festa – afirmou Ana para sua amiga.

Ela a olhou de olhos arregalados. – Você está doida? Acabou de sair do hospital.

Porém, era a penúltima festa e, mesmo que elas tenham retornado ao lugar onde estavam dormindo quando as pessoas já estavam começando a retornar da festa, ela queria aproveitar o que ainda restava.

– Nós vamos chegar e só vamos comer – sua amiga afirmou, sem dar muito espaço para que Ana a contrariasse.

Mas Ana ainda insistiu. – Mas eu quero muito ir.

– Então está bem – concordou sua amiga e, na época, Ana não tinha reparado que era apenas uma forma de divergir sua atenção. – Você deita um tempinho e depois nós vamos.

Ana, no entanto, não acordou. Ao menos não a tempo de ir para a festa. Acordou apenas às três horas da manhã, agitada.

– A festa! – ela exclamou e se levantou para pegar suas roupas separadas e procurar um banheiro.

– O que você está fazendo, Flores? – sua amiga perguntou, virando-se para ela, sonolenta.

– A festa! – Ana exclamou novamente.

– Não acredito que está querendo ir – ela disse, esfregando os olhos para espantar um pouco do sono. – Todo mundo já foi embora.

– Ainda dá tempo, vamos lá! – ela insistiu.

– Amiga, volta a dormir.

Ana, por fim, deu-se por vencida e retornou para a cama. *"Mas no dia seguinte tinha outra festa, eu fui e aproveitei"*, ela riu. Aproveitou realmente a festa, dançando e bebendo, mesmo que seu pescoço ainda estivesse imobilizado por um cordão cervical devido ao inchaço. Algumas pessoas riam dela, mas não se importava nem um pouco. E soube, mais tarde, que a dupla ficou em terceiro lugar e que todos comentavam que o jogo da semifinal tinha sido muito bom.

O que Ana mais sente falta, sem dúvidas, é da família. Todos os anos, todos os semestres, ela vê diversas pessoas indo para a casa quando chega as férias, ou mesmo um ou dois dias de feriado prolongado no meio do período. Ela queria ter essa oportunidade, mas nunca chegou a voltar antes da pandemia. E, em 2020, quando foi anunciada a paralisação das atividades universitárias, Ana continuou na cidade durante os dois anos seguintes. Seus pais eram mais velhos, seu pai com mais de 60 anos. Chegou a procurar voos para ir embora, mas já não tinham mais vagas em ônibus e nem passagens de avião. De qualquer forma, teria que fazer escala em outro país antes de desembarcar em Tegucigalpa, aumentando ainda mais as chances de contrair o vírus de covid-19 e transmitir para seus pais. Seus pais insistiram para que ela voltasse, mas as barreiras chegaram, e muitos países fecharam. Preferiu não colocar a saúde dos pais em risco e decidiu ficar.

"Eu tinha muito medo dos meus pais pegarem covid", ela disse. E eles ficaram bem no primeiro ano. Mas, em 2021, na época em que as vacinas começaram a ser distribuídas, seu pai contraiu o vírus. Ficou internado na UTI durante dois meses. Ana não sabia direito o que estava acontecendo. Os hospitais estavam lotados, e os enfermeiros só permitiam a ligação de um único familiar para receber notícias dos pacientes. Sua mãe era a responsável pelas ligações, mas tudo o que ouvia era *"seu marido está bem"*, sem muitos detalhes.

Ele acordou depois de dois meses e se recuperou aos poucos. Continua com sequelas e desenvolveu, como consequência da doença, fibrose pulmonar. Devido à lesão e cicatrização dos pulmões, o tecido que envolve os sacos aéreos fica mais grosso e dificulta a passagem do oxigênio para a corrente sanguínea. *"Foi muito pesado, nunca vou esquecer"*, ela soltou um suspiro triste. *"Meu pai era gordinho, tipo Papai Noel. Quando ele saiu ele estava magro, mostrando pele e osso, com hematomas"*. Em sua recuperação, seu pai começou a fazer fisioterapia. Hoje em dia já come melhor e está mais em forma, mas foi uma experiência que marcará a família ainda por muitos anos.

Não muito depois ele recebeu sua primeira dose de vacina. Recebeu a vacina russa, Sputnik. Quando precisou da segunda dose, ela havia parado de ser distribuída em Honduras, e precisou tomar de outra marca. E depois o reforço de outra vacina, chegando a tomar no total quatro a cinco doses. Ana se lembra, inclusive, das palavras do médico de seu pai: *"você vai ser um paciente de estudo, é a primeira vez que fazemos isso"*. Ana viu sua família, finalmente, em dezembro de 2021. Ficou durante um mês, passando o Natal e o Ano Novo, antes de retornar novamente para as aulas presenciais. Viu seus pais e viu alguns irmãos. Não todos, pois estão todos espalhados, incluindo um irmão morando no Canadá. A reunião foi emocionante, com direito a gritos e choros de alegria.

Ana pode citar diversas diferenças entre Honduras e Brasil, mas a primeira que vem à mente é sempre a abertura das pessoas. A aceitação de pessoas LGBTQI+ é muito maior entre os brasileiros, bem como a segurança das mulheres, uma vez que muitas de suas amigas *"não saem lá"*.

A culinária também é um ponto divergente. No Brasil, Ana conheceu a coxinha e o açaí, sendo este último o alimento mais diferente que já comeu. A forma como os dois povos consomem as refeições também é diferente. Enquanto o brasileiro se concentra em um almoço mais pesado, os hondurenhos *"comem um pratão"* no café da manhã que é para eles a refeição mais importante do dia. Consomem muitas *tortillas*, feitas com farinha de milho e recheio à escolha. É semelhante ao taco mexicano, mas é frito e, quando consumido, apenas colocado para esquentar. Hondurenhos também adoram *baleadas*, que são massas de milho com recheio de feijão moído, queijo e o que mais desejarem. Os *catrachos*, no entanto, são mais comuns. Uma mini *tortilla* frita com café e feijão moído e queijinho como aperitivo. É a comida típica do país e o apelido dos hondurenhos, bem como os costa-riquenhos que são chamados de *tico* ou *tica*, e os nicaraguenses de *muca*.

Ana entrou nos Embaixadores em novembro de 2020, quando o projeto já estava em atividade remota. Sempre quis entrar antes. Era um projeto que a ajudou muito quando chegou em Viçosa, e queria poder ajudar outros estrangeiros também. Mas sempre tinham pessoas que a desencorajavam, dizendo que não poderia se inscrever por ser estrangeira. Não se recorda quem a disse isso, mas ficou em sua cabeça e acabou não tentando. Até que conheceu Jéssica, uma Embaixadora que era amiga de uma menina que morava na mesma república que Ana. Em uma conversa com ela, descobriu que estava errada.

– Não tem nada disso – disse Jéssica quando ela perguntou se estrangeiros eram mesmo proibidos de entrar. – Você pode entrar sim.

– Será se eu mesma consigo? – Ana perguntou, insegura.

– Claro, é só fazer as etapas do processo seletivo.

E assim aconteceu. Ana se inscreveu na próxima vez que abriu vagas para novos membros e foi aprovada. Com certeza teria tentado antes se tivesse obtido informações de que estrangeiros também podiam se inscrever. Quando entrou, conheceu outra estrangeira no projeto. Era Lady, uma peruana que estava no projeto desde 2019. Ana conheceu outros estrangeiros pelo projeto, uma vez que teve mais contato para ajudá-los. Quando iniciou o curso não teve muito tempo e não participou de muitos eventos que os envolviam. Fez parte de duas coordenadorias no projeto: de Relacionamentos, que administra e supervisiona o contato entre Embaixador e estudante de mobilidade, e de Integração, que é responsável por organizar festas, piqueniques, viagens e demais eventos com o objetivo de conectar os membros, os intercambistas, a UFV e a população de Viçosa[8].

Ficou nos Embaixadores pelo tempo que conseguiu, mas já está quase no fim das disciplinas da faculdade e precisava se concentrar para depois fazer o estágio supervisionado na clínica. Não queria sair, mas precisou se desligar antes do fim de sua segunda gestão. Passou semanas refletindo se sairia realmente ou não, até que a decisão veio quando se deu conta

---

8 Informações obtidas no Manual de Cultura do projeto Embaixadores UFV, disponível em: https://drive.google.com/file/d/1o-5ExWY8yu__aq-GrBjUoZ9GaKrBdPOEP/view. Acesso em: 30 ago. 2022.

que pela falta de tempo ela "*estava mais atrapalhando que aju-dando*". Pretende retornar para as festas e outros eventos, mas não consegue mais se comprometer em organizá-los. Isso, no entanto, não diminui o carinho que criou pelo projeto, tanto como membro voluntário quanto como estudante ajudada por eles.

ISAAC ANDRES MORA OBANDO

Equador

Isaac era na verdade o único com quem tive contato antes de entrevistá-lo, ainda em 2019. Tínhamos amigos em comum e já nos encontramos algumas vezes. Quando entrei em contato e perguntei se poderia ter uma entrevista com ele, a resposta positiva veio rapidamente. Então quando me sentei em uma das mesas altas da cafeteria da Biblioteca Central no campus da universidade, eu não estava tão nervosa.

Quando o moreno baixo se aproximou, porém, eu percebi o quanto ele estava agitado. Apesar da familiaridade comigo, a ideia de estar em uma entrevista o deixava apreensivo. Os ombros largos estavam tensos, e as sobrancelhas grossas estavam franzidas. Os olhos negros e expressivos ainda exibiam aquela pinta de Don Juan que ele usava quase cem por cento do tempo, mas ficavam se desviando do meu olhar a cada poucos segundos. Tinha gestos fechados, introvertidos, mas à medida que eu deixava o clima mais de uma conversa do que de entrevista, ele foi se sentindo mais confortável e se abrindo mais sobre seu tempo aqui na cidade.

Em 2022, quando conversei com ele sobre a possibilidade de uma nova entrevista, outra vez ele não hesitou. Esta foi mais curta, apenas para atualizar-me dos anos que se passaram. Ele foi preparado para uma entrevista de duas horas, mas foi uma conversa tranquila que transcorreu em poucos minutos.

Isaac Andres Mora Obando chegou ao Brasil em 18 de fevereiro de 2019. Se parasse para pensar, não era uma surpresa muito grande que viesse para o Brasil para estudar em algum momento de sua vida. Sempre foi seu sonho, desde que tinha oito anos de idade. Lembrava-se de seus olhos castanhos, brilhantes de admiração, acompanhando o irmão mais velho. Diego, onze anos mais velho, formou-se e se casou no Brasil. Se tornou um modelo para o pequeno Isaac, que agora sonha em seguir seus passos. Antes de entrar na Universidade Federal de Viçosa, Isaac fez apenas duas visitas ao Brasil. A primeira para um congresso sobre gado; a segunda para ver Diego se casando com a namorada, em um relacionamento que até então já durava quatro anos.

Durante suas visitas, não teve muitas oportunidades de sair e conhecer as pessoas, as cidades, as culturas. Veio com seus pais em ambas as ocasiões, então a liberdade para conhecer e se maravilhar com os cenários só veio mesmo mais tarde.

Natural de Santo Domingo, Isaac iniciou seus estudos de segundo grau na capital. Estudava biotecnologia, mas não gostava muito. O ano que passou em Quito foi um ano puxado. Seu dia começava bem cedo, acordando às cinco e meia da manhã. Precisava viajar uma hora ou uma hora e meia apenas para conseguir estudar português. Estudava durante duas horas e depois tinha que enfrentar mais uma hora ou uma hora e meia de viagem de volta. Chegava em casa, fazia alguma coisa para comer, pegava a mochila e ia para a faculdade, em um trajeto de uma hora. Passava a tarde inteira estudando e retornava somente à noite, depois de uma viagem de uma hora e meia. Cansado e com sono, mas não podia finalizar seu dia ainda e ir dormir. Precisava fazer as atividades e trabalhos da faculdade, precisava estudar para as provas. Ficava acordado até às três da manhã estudando. Ia para a cama dormir e depois acordava às cinco e meia para começar seu dia novamente. Assim era sua rotina. E fez isso durante um ano inteiro. Emagreceu bastante, não comia, não dormia.

Isaac morava com seu irmão Daniel e, apesar do ano de experiência em outra cidade, ainda tinha receio em tentar o edital para vir ao Brasil. Enquanto pesquisava, descobriu que a Embaixada do Brasil tinha convênio com diversos países pelo mundo, com um programa para graduação (PEC-G, o Programa de Estudantes – Convênio de Graduação) e para a pós-graduação (PEC-PG, o Programa de Estudantes – Convênio de Pós-Graduação). O edital de inscrição permitia dois meses de análise, e Isaac passou esse período ponderando se seguia em frente com o processo ou se desistiria. Junto com ele foram aceitos outros oito equatorianos, mas foi o único a ser designado para Viçosa.

"*Acredito que vim para Viçosa pelo destino*", afirmou ele. Conversando com o irmão Diego, descobriu que havia três melhores opções caso ele quisesse seguir com Medicina Veterinária: UFU (Universidade Federal de Uberlândia), UNESP (Universidade Estadual Paulista) e UFV. Na hora de fazer a escolha, no entanto, ele havia esquecido o papel onde tinha anotado tais opções. "*Deu um nervoso, eu estava de ressaca [...], só lembrei das duas, da UFV e da UFU. Eles iam escolher, ver o número de vagas e aí me deram uma vaga em Viçosa*", ele relembra.

Diego tinha se formado em Medicina Veterinária na UFU, por isso, Isaac queria ir para lá. Tinha conhecidos e familiares que moram lá e poderiam ser um ponto de apoio. Contudo, ele gostou de Viçosa desde que chegou. Inicialmente pensava em ficar apenas um ano e pedir transferência para Uberlândia, mas desistiu. Seu irmão também já perguntou se queria se mudar, mas já havia se adaptado à cidade pequena. O *campus* da UFV era bonito, era bom não precisar mais gastar tanto tempo dentro de um ônibus e poder ir caminhando para onde precisasse. "*Depois de uns dois meses, eu fui para lá em Uberlândia visitar e não gostei nada. É uma cidade muito grande*", ele afirmou e ainda complementou que, apesar de não ter cinema grande e outros lugares do tipo, o povo viçosense é muito legal.

O que mais Isaac gostou no Brasil foi o povo. As pessoas eram tranquilas e fáceis de conversar. Quando chegou em Viçosa não tinha sido apresentado a ninguém e passou seu aniversário sozinho. Passou cerca de duas a três semanas sem conhecer ninguém, apenas no próprio apartamento, assistindo a filmes e estudando. Mas ele se lembra claramente de como foi seu primeiro dia de aula. Saiu cedo de casa para ir ao Departamento de Veterinária. Saiu às sete horas da manhã e decidiu ir caminhando. "*Estava empolgado*", ele recordou. No entanto, ele chegou quinze minutos atrasado para a aula.

Não sabia onde era a sala, mas encontrou uma menina que o ajudou a achá-la.

A aula já havia começado, então entrou de fininho pela porta e se sentou em uma cadeira vazia que tinha nos fundos da sala. Já tinha certo conhecimento em português, devido ao tempo que estudou no Equador, mas seus estudos ainda não tinham acabado. Havia feito apenas cinco de sete níveis. Então, pegou seu celular e gravou a aula inteira. Foi sua primeira aula no Brasil, em um curso novo e com uma língua diferente. Seu coração estava acelerado e suas mãos suavam. Estava nervoso, não tinha como negar. Havia diversas palavras que não conseguia entender. A aula terminou e enquanto seus colegas ajeitavam os materiais para sair da sala, Isaac juntou suas coisas e foi até o professor para conversarem. Ele havia dito que ninguém tinha permissão de gravar as aulas, mas Isaac não tinha certeza se conseguiria compreender e fixar a matéria se não pudesse retornar ao que foi dito.

– Professor, você não permite a gravação das aulas sem permissão, mas sou estrangeiro – Isaac explicou, em seu português hesitante.

– Não tem problema, é só falar com os professores e explicar isso.

Havia algumas meninas ainda na sala que acabaram por ouvir a conversa e prontamente uma delas se aproximou de Isaac quando o professor saiu.

– Ah, você é novo! – ela exclamou, já retirando o celular do bolso. – Me dá seu telefone para te adicionar no grupo.

E o acolhimento foi instantâneo. Isaac logo foi adicionado em diversos grupos do curso. *"Todo mundo me acolheu muito bem"*, ele relembrou. *"Mas minha maior dificuldade foi fazer amizade. Eu não tenho alguém para chamar de melhor amigo. Eu tenho muitos amigos, mas amigo* amigo *não tenho"*. Apesar disso, Isaac sentiu que não está tão sozinho. Seus colegas de curso sempre o incluem nos grupos e o chamam para sair. Não foi recebido com receio quando chegou, e as pessoas que conheceu foram muito calorosas.

Apesar de toda a receptividade, as diferenças culturais entre os dois países desestruturaram Isaac um pouco. Durante toda a vida foi acostumado a comer frutos do mar no dia a dia e *"é tão gostoso"*, mas eles não são encontrados em Viçosa. Encontrou no feijão tropeiro seu prato brasileiro favorito. Mas as diferenças não param por aí. Ele vê as pessoas andando pela rua e se assusta ao perceber que, quando um pedestre tenta atravessar a faixa, os carros param na hora. *"No Equador, você tem que olhar o semáforo, a faixa, e mesmo assim, se a rua é de um sentido só, você tem que olhar os dois lados, porque às vezes tem uns doidos que vão no sentido errado"*.

A tranquilidade de uma cidade do interior de Minas Gerais foi uma diferença fácil de se adaptar. Sair na rua, ir às festas, ficou muito mais fácil para o equatoriano. Estava acostumado a lugares muitos mais perigosos, estando sempre alerta quando saía com os amigos. Nunca sabia o que poderia acontecer. Sentiu-se muito mais seguro para ir em festas em Viçosa. E foi quando percebeu mais uma diferença entre as duas culturas. Em sua primeira festa viçosense, foi de camisa, calça e sapato social, mas *"o pessoal ficou brincando comigo"*. Era hábito se vestir de forma mais social, inclusive em apresentações na sala de aula – não apenas em trabalhos finais de cursos, mas para qualquer tema. Deveria ir de roupa social ou com terno e *"com as mulheres a mesma coisa, formal ou de vestido"*.

Assim foi seu tempo em Viçosa, descobrindo novos hábitos e se adaptando a eles. Em março de 2020, porém, a Universidade Federal de Viçosa anunciou que as atividades no *campus* seriam paralisadas por tempo indeterminado. Os canais de televisão já mostravam o desespero na Europa e Ásia devido ao vírus do covid-19, e os voos no Brasil estavam sendo cancelados. Isaac ficou em Viçosa. Não conseguia voltar. Ficou isolado em seu apartamento, só saindo uma vez por mês para fazer as compras no supermercado.

O medo apenas aumentava ao lembrar de um terremoto no Equador em 2016. Na época, o terremoto de magnitude

7,8 deixou 602 mortos e mais de 12 mil feridos[9]. Havia sido o pior no país há quase sete décadas, e os produtos começaram a faltar nas prateleiras do supermercado. Ele vivenciou a mesma situação em Viçosa em 2020, quando as barreiras sanitárias foram anunciadas. *"Pronto, vai acontecer a mesma coisa"*, ele pensou. Sua rotina mudou completamente. Enquanto estava acostumado a ficar fora de casa de 7 horas da manhã até 9 horas da noite, Isaac se viu de repente em casa a todo momento do dia e conseguiu manter mais contato com a família.

Contudo, isso não o impedia que se sentisse inquieto. Tinha dias que levantava e ficava andando pelo apartamento inteiro, por todos os cômodos, como um meio de desestressar. Dava voltas, voltas e mais voltas. Do quarto ia à cozinha, olhava pela janela e retornava apenas para repetir o processo todo outra vez. Deitava-se na cama e se virava para um lado; passados alguns minutos, virava-se para o outro. Assistia a filmes que não pôde ver antes e praticava exercícios. Mas com as opções limitadas, engordou alguns quilos que o deixaram insatisfeito. A notícia sobre um voo humanitário, ainda em 2020, foi um suspiro de alívio, mas que não durou tanto tempo. Ele era mais caro que as passagens comuns de antes dos aeroportos pararem.

Conseguiu retornar para o Equador em agosto daquele ano. Ficou até janeiro de 2021. Seu trajeto de volta demorou quarenta e oito horas. Seu voo para o Panamá atrasou e, quando chegou à São Paulo, sua escala foi de oito horas antes de finalmente pousar em Belo Horizonte. Depois Isaac viajou para o Maranhão, onde morava sua namorada, e lá permaneceu durante oito meses, na terra quente do Nordeste. Foi novamente para sua terra natal em setembro, em uma viagem que demorou dias devido a contratempos. Tinha preparado

---

9 Dados obtidos em: https://g1.globo.com/mundo/noticia/2016/04/numero-de-mortos-por-terremoto-no-equador-chega-602.html. Acesso em: 22 jul. 2022.

um curso no Equador, não podia deixar de ir. Pegou um ônibus para a capital do Maranhão, São Luís, mas ele estragou na estrada e perdeu seu voo. Dormiu na estrada e voltou para Viçosa. Perdeu a van que tinha pagado para Belo Horizonte, e o ônibus estragou novamente na estrada. Seu voo era à noite, então a cada minuto que se passava, mais ansioso ficava com medo de perdê-lo. Quando finalmente chegou à capital mineira, pagou um táxi para o aeroporto. A cidade estava cheia e o fluxo estava lento. Ainda assim, o taxista costurava o trânsito a 100 km/h. Ele só diminuiu a velocidade quando viu um acidente a dois quilômetros do aeroporto.

E nisso foram mais quinze minutos de atraso. Quando Isaac finalmente chegou ao aeroporto, o check-in para despachar a mala tinha fechado havia quinze minutos. Não tinha mais voos, mas precisava ir com urgência para São Paulo. Lá ia encontrar sua cunhada e conhecer seu sobrinho no dia seguinte. Eles estavam de férias e iam todos juntos para o Equador. Diego, o irmão mais velho, tinha ganhado um filhinho pequeno. Isaac não o tinha conhecido ainda e estava ansioso. Com a falta de voos, pegou um ônibus para São Paulo e encontrou sua família. Foram para um hotel para esperar o avião de meia noite para o Equador, mas seu sobrinho pegou um vírus, brincando com o primo por parte de mãe uma semana antes. Começou a passar mal, vomitando.

Cancelaram mais um voo e foram para o hospital com o pequeno. Diego, que voltava de um trabalho nos Estados Unidos para o Equador, ficou assustado quando chegou e teve a notícia que seu filho estava no hospital. Isaac conversou com ele, acalmou-o, mas disse que se ele preferisse que se encontrasse com a família no Brasil. Então, ele veio para ficar com o pequeno. Ficou internado por apenas uma madrugada, tomando soro na veia, mas foi um susto para a família. Enquanto Isaac ia às pressas para o Equador devido ao curso que daria, o irmão, a cunhada e o sobrinho chegaram uma semana depois.

Enquanto estava em sua terra natal, Isaac foi voltando à vida normal de antes da pandemia aos poucos. Ajudava os pais a mexer com gado, ia à farmácia e fazia as coisas que precisava das tarefas de casa. Às vezes, saía à noite para beber com seus amigos equatorianos e foi recriando seus velhos hábitos.

Para Viçosa, Isaac só retornou em janeiro de 2022. Foi uma volta difícil – tinha terminado com sua namorada em novembro, mas depois reataram. *"Nos conhecemos por causa da veterinária"*, ele contou, *"foi por causa de uma menina"*. A primeira entrevista feita com ele para este livro foi em 18 de setembro de 2019, e seu namoro começou dois dias depois. Ele já estava saindo com ela. Os dois tiveram a mesma aula, apesar de ela ter ingressado em 2017 e ele em 2019, e se viram novamente na cantina. Isaac, já interessado nela, aproximou-se dela.

– Quem é a estrangeira?

E era Ana Flores, hondurenha. Flores, como algumas pessoas a conhecem, era a melhor amiga dela. O tempo distante devido à pandemia e as brigas que foram crescendo corroeram o relacionamento aos poucos e *"nunca mais voltamos a ficar bem assim"*.

No momento, no entanto, Isaac se concentra em passar um dia de cada vez. Sua rotina apertada, em que sai de manhã cedo de casa e só retorna à noite, não permite mais que aproveite a vida universitária como em seu primeiro ano na cidade, mas sempre que pode encontra um tempinho para ver seus amigos e beber uma cerveja.

LADY DIANA CHOQUE OLIVARES

Peru

Lady, como é mais conhecida entre os amigos brasileiros, é tímida e um pouco reservada. Ainda assim, se mostrou disposta a dividir sua história entre copos de chocolate quente e risadas entre amigas. A entrevista foi relativamente curta, mas com curiosidades essenciais para podermos conhecê-la um pouco mais.

Lady é uma princesa, em nome e em trejeitos. Seus pais viram em Lady Diana, princesa de Gales, uma mulher forte e empática, sempre preocupada com justiça social apesar de sua posição. Tinha uma beleza física e espiritual que os encantou e, quando sua primogênita nasceu, não tinha nome melhor para dá-la do que aquele que carregava todos os valores da princesa inglesa.

Ela é filha única de seus pais, mas tem dois irmãos mais novos por parte de seu pai com a madrasta. Um menino de onze anos e uma menina de cinco. Seu pai se formou como professor de matemática, mas ele trabalhava mais em instituições governamentais. Hoje ele trabalha na Organização Panamericana de Saúde e reside em Washington, nos Estados Unidos, com sua nova família. Deixou o Peru quando Lady tinha cerca de 16 anos, porém nunca perdeu o contato com sua primogênita. E, sempre que pode, ela pega um avião e vai visitá-los.

Lady decidiu vir ao Brasil quando ainda estava no ensino médio. Sempre quis estudar fora do país, mas na época tal vontade era apenas isso: uma vontade, uma ideia, nada muito concreto. Enquanto se preparava para fazer o vestibular, seu pai, que naquele momento trabalhava em um programa de bolsas do governo peruano, contou-a sobre boas oportunidades de estudo em universidades brasileiras. Decidiu pesquisar mais. Já conhecia um pouco sobre a cultura do país vizinho, sobretudo no cenário musical. Desde criança gostava de ouvir músicas brasileiras, principalmente de axé. Sua mãe sempre comprava CDs e DVDs para que ela pudesse se divertir dançando na sala de estar. Percebeu que não seria ruim passar alguns anos fora para fazer graduação. Decidiu, então, seguir o conselho de seu pai e ver como funcionavam as bolsas.

Faltava apenas decidir para qual curso tentaria. Lady desde criança queria seguir os passos da mãe que trabalha como enfermeira em um hospital. Pensava em fazer Medicina e se tornar médica para ajudar as pessoas. Sempre visitava a mãe no trabalho em dias mais calmos e gostava do ambiente. No entanto, quando estava prestes a fazer o vestibular, na mesma época em que olhava sobre as bolsas de intercâmbio, Lady presenciou um acidente de trânsito. Foi uma experiência que a marcou muito, e percebeu que não seria uma boa médica, era *"uma pessoa muito sensível e no lugar de ajudar ia ficar chorando"*. Era hora então de analisar outras possibilidades. Sempre gostou muito de arte e fazia pequenos artesanatos em casa quando era criança. Então por que não seguir uma profissão sobre algo semelhante? Assim, ela decidiu cursar Arquitetura. Talvez poderia projetar um hospital e ajudar outras pessoas, como queria antes, mas de uma maneira diferente.

Mas sua família, em geral, não a apoiou na decisão de fazer intercâmbio. Exceto seu pai.

– Você vai começar suas aulas de português amanhã – ele a disse no mesmo dia em que foi ver sobre as bolsas.

Porém, sua mãe não estava tão excitada com a ideia. Na maior parte de sua vida sempre foram as duas juntas. Apenas as duas morando sob o mesmo teto. Moravam no interior do Peru, mas haviam se mudado recentemente para a capital, Lima, porque até então a ideia era que Lady cursasse a faculdade lá. Seu avô, pai de seu pai, também não ficou muito animado, sempre perguntando-a por que ela iria. Lady estava um pouco dividida por causa das opiniões em sua família, mas seu pai era seu apoiador principal.

– Não faça caso de sua família, vai! – ele sempre dizia.

"Hoje em dia minha mãe diz que foi a melhor decisão que eu tomei", confessou Lady. *"Acho que pela qualidade de vida e de*

educação, porque lá é ruim". Sua mãe sabe que ela está bem em Viçosa e depois de algum tempo se acostumaram a morar separadas. Mas nunca a visitou no Brasil. *"Ela sempre fala 'ano que vem eu vou', mas nunca vem"*, riu Lady. *"Acho que ela vem quando eu me formar"*.

Lady desembarcou no Brasil em 2018. Estava com medo de vir, não conseguia esconder esse fato. Além de uma língua diferente, teria que enfrentar pessoas diferentes e uma cultura ainda relativamente desconhecida para ela. Mas se sentiu acolhida, sem preconceitos, e, à medida que conhecia mais, o medo foi passando. Quanto ao português, ela não veio sem saber nada. Estudou no Peru durante cinco meses e foi aprovada na prova de línguas. Contudo, na primeira aula que teve na universidade, não entendeu quase nada e o choque foi grande. *"Não dá para estudar lá, é muito diferente!"*. Mas aos poucos foi aprendendo e se acostumando ao ritmo dos mineiros. Sempre foi tímida, mas com o tempo foi se sentindo mais segura para falar com as pessoas em português.

No geral, foi uma adaptação difícil. Muitas coisas eram diferentes, desde a comida até as formas de pensar das pessoas. Lady sentiu que os brasileiros são muito mais liberais se comparados ao jeito conservador dos peruanos. Seu primeiro choque foi em uma festa de integração do curso, em que várias pessoas se beijavam e tinha até mesmo beijo triplo. Não sabia como agir e tinha medo das pessoas a julgarem por ser mais tranquila.

Os costumes em relação à comida também foram um ponto que Lady também precisou se acostumar. Enquanto brasileiros costumam almoçar entre onze horas e meio-dia, Lady sempre almoçou com sua mãe uma e meia da tarde, duas horas. Não sabe dizer se era somente um costume familiar ou algo que a maioria dos peruanos fazia, mas levou alguns meses para se acostumar com o novo horário. Apesar de os brasileiros – e principalmente os mineiros – gostarem muito de café, não tinham o hábito de beber tanto café quando Lady. *"Sempre me perguntam porque eu tomo tanto café"*, ela contou.

Lady Diana Choque Olivares 83

Para ela, a maior diferença está na feijoada. É um prato comum no almoço brasileiro e praticamente uma refeição fixa semanal no restaurante universitário da faculdade. No início ela detestava ter que comê-lo, mas depois de algum tempo se acostumou. *"Mas agora eu já enjoei"*, confidenciou. *"Lá não comemos feijão todos os dias, sei lá, uma vez por semana. Mas aqui é todos os dias, uma vez passei mal por causa disso"*. O que ela comia com mais frequência era abacate com pão. Pão de sal mesmo, passando abacate com sal como se fosse manteiga. Era um item indispensável para o café da manhã na casa de sua mãe. Sempre que chegava à mesa, tinha à disposição suco, café, leite, aveia, pão de sal com alguma coisa, normalmente o abacate. Ficou chocada quando descobriu que brasileiros comiam abacate doce, muitas vezes em forma de vitamina. *"Comi só uma vez, achei estranho e muito doce"*, ela contou. Hoje em dia, o que ela mais gosta é feijão tropeiro e canjiquinha.

Lady sente falta das refeições peruanas, mas nada chega tão perto da saudade que sente de sua mãe. Sempre que podia ia visitá-la, em média a cada cinco ou seis meses, entre um semestre e outro. Nunca ficou tanto tempo sem vê-la quanto ficará agora em 2022. *"Voltei em novembro, mas agora só próximo dezembro"*, contou em um suspiro triste. Tentava ir ver o pai nos Estados Unidos com frequência também. Às vezes conseguia um voo direto para Miami, sem escalas, de Belo Horizonte, Rio de Janeiro ou São Paulo. Mas depois da pandemia a dinâmica mudou. Precisa fazer escalas em outros países. Ela precisa fazer o voo para o Chile antes de ir para o Peru ou Panamá e apenas depois ir para os Estados Unidos.

Quando a pandemia se iniciou e as atividades universitárias paralisaram, Lady ficou no Brasil. *"A gente achou que ia ser coisa de duas semanas, durou dois anos"*, ela contou. *"Eu estava com medo, sozinha em casa"*. Ela morava em um apartamento com outra menina, mas ela tinha ido para casa pouco depois do anúncio. Normalmente, Lady não é uma pessoa que se importa de ficar sozinha, mas esta foi uma etapa complexa.

Via os noticiários e procurava se informar sobre a situação do Peru e se sentia ansiosa. Ficava preocupada com sua mãe, trabalhando dia e noite como enfermeira em hospitais que recebiam cada vez mais pacientes com covid. A preocupação a consumia a ponto de não conseguir dormir direito. Comia mais do que o normal. Estava sempre com alguma comida às mãos para tentar se acalmar, *"então engordou muito, tipo uns vinte quilos"*.

Depois de seis meses, Lady conseguiu sair do Brasil. Em setembro de 2020, conseguiu ir ver o pai nos Estados Unidos, acabou ficando três meses. Procurou voos de volta para o Peru, mas não tinha, os aeroportos estavam fechados. Só conseguiu voltar para casa em dezembro daquele ano e finalmente rever sua mãe. Ficou até março de 2021, antes de voltar ao Brasil novamente. Manteve-se em casa outra vez, como se tornou costume dentro dos primeiros meses de pandemia. Foi retornando sua antiga forma, estudava as disciplinas que tinha se inscrito no EAD (Ensino a Distância), conseguia ver seus amigos de vez em quando e conheceu alguns intercambistas que não tinha conhecido no ano anterior. Quando as aulas retornaram presencialmente, precisou mudar sua rotina e se acostumar novamente a este estilo de vida. *"Estávamos acostumados a outro tipo de vida e meio que mudou, foi muito estranho e diferente"*, confidenciou. *"Na questão de você ir para um lugar e ter muitas coisas para fazer, é cansativo"*.

O Natal de 2021 foi o primeiro ano que não passaria em família, mas sozinha em Viçosa. Uma amiga a convidou para que passasse as festividades com sua família, e Lady aceitou e achou incrível a forma como comemoravam. A família era bastante católica, e os costumes eram diferentes do que estava acostumada. Cantavam e trocavam presentes, dando alguns até mesmo para Lady sem tê-la conhecido antes, quando não era costume em sua família que a dessem presentes. O Natal de sua família era mais voltado para as crianças, com a família se reunindo em uma só casa, com uma ceia e peru, mas com complementos diferentes do que viu na casa da amiga. Sentiu-se acolhida e ficou incrivelmente grata por isso. Passou uma semana no sítio, com os pais e avós da amiga, antes que as duas fossem para o Rio de Janeiro. Lá elas ficaram até o Ano Novo com outros amigos. Foram todos para a praia, cada um com vestimentas brancas, colocando rosas no mar. Quando passava o Ano Novo no Peru, Lady se reunia com primas e amigas e iam a festas. A maior diferença foi a vestimenta, uma vez que lá todos usam amarelo para a virada.

Em todo o tempo em que Lady esteve no Brasil, o projeto Embaixadores foi o maior diferencial para sua adaptação. Mesmo quando ainda estava nos estágios iniciais de inscrição para bolsas de intercâmbio, ela se perguntava a todo instante: *"vou chegar lá e com quem eu vou falar primeiro?"*. Entretanto, para tudo seu pai deu um jeito. Quando Lady foi aceita na universidade, ele começou sua própria pesquisa. Sempre curioso, ele pesquisa o que era preciso para sanar suas dúvidas. E no site oficial da universidade, ele encontrou um banner sobre o projeto.

– Encontrei um projeto que ajuda pessoas de fora – ele a informou – Manda um e-mail para eles.

E assim ela o fez.

Não muitas semanas depois, faltando ainda um mês para embarcar para o país vizinho, Lady recebeu um e-mail. Ele era todo em espanhol, apresentando Bárbara, a Embaixadora que seria responsável por ajudá-la no que fosse necessário, e instruindo o passo a passo para chegar em Viçosa e informações básicas para novos alunos da UFV. Bárbara era gentil e receptiva, com certo domínio da língua espanhola, o que a deixou ainda mais confortável. Rapidamente iniciaram uma conversa agradável que levou a uma amizade entre as duas. Conversaram sobre tudo: sobre a vida das duas, sobre namorados, sobre a universidade e o que esperar dela. *"E quando eu cheguei parecia que já conhecia ela, então foi muito tranquilo"*, Lady contou. Chegar em um lugar desconhecido, em um país diferente, e saber que tinha alguém a esperando, alguém com quem já tinha conversado, foi muito tranquilizante. E sabia que tudo teria sido diferente se não fosse por ela.

Foi então que Lady decidiu que queria fazer parte daquilo. Sabia que chegariam mais pessoas com o mesmo medo que ela, com a mesma falta de conhecimento da dinâmica da cidade que ela. Ela teve quem a ajudasse e tinha também a experiência ao seu lado, em relação à chegada, documentação e adaptação. No início de 2019, fez o processo seletivo e se tornou membro do projeto Embaixadores UFV. Ficou três anos, sendo dois deles durante o período remoto. Não queria sair, mas, pela mudança do projeto durante o ensino à distância e para focar em outros projetos pessoais, despediu-se dele em dezembro de 2021. Contudo, sua experiência nele a marcou profundamente. Teve a oportunidade de ajudar outros estrangeiros, inclusive sendo Embaixadora de outra peruana, Luzmarina. Lady teve um intercâmbio de conhecimento cultural a partir dele que não irá se esquecer tão cedo.

REFERÊNCIAS

BASTOS, Liliana Cabral. Narrativa e vida cotidiana. SCRIPTA, Belo Horizonte, v. 7, n. 14, p. 118-127, 1 sem. 2004. Disponível em: http://periodicos.pucminas.br/index.php/scripta/article/view/12548. Acesso em: 13 mar. 2022.

CAMPOS, Pedro Celso. Gêneros do jornalismo e técnicas de entrevistas. Estudos em Jornalismo e Mídia, v. 6, n. 1, p. 127–141, jan./jun. 2009. DOI: https://doi.org/10.5007/1984-6924.2009v6n1p127

CANCLINI, Néstor García. Culturas híbridas: estratégias para entrar e sair da modernidade. Tradução de Heloísa Pezza Cintrão e Ana Regina Lessa. 4ª ed. São Paulo: EDUSP, 1989. (Coleção Ensaios Latino-americanos, 1).

CANCLINI, Néstor García. Diferentes, desiguais e desconectados: mapas da interculturalidade. Tradução de Luiz Sérgio Henriques. Rio de Janeiro: UFRJ, 2005.

IBGE (Brasil). Censo Brasileiro de 2010. Rio de Janeiro: IBGE, 2012. Disponível em: https://cidades.ibge.gov.br/brasil/mg/vicosa/pesquisa/23/24007. Acesso em: 13 out. 2022.

IJUIM, Jorge Kanehide. Por que humanizar o jornalismo?. Verso e Reverso, v. 31, n. 78, p. 235-243, set./dez. 2017. DOI: https://doi.org/10.4013/ver.2017.31.78.0

KOLTAI, Caterina (Org.). O estrangeiro. São Paulo: Escuta, 1998.

LIMA, Edvaldo Pereira. Jornalismo e literatura: aproximações, recuos e fusões. Anuário Unesco/Metodista de comunicação regional (Impresso), v. 13, n. 13, p. 145-159, 2009.

LIMA, Edvaldo Pereira. Páginas ampliadas: o livro-reportagem como extensão do jornalismo e da literatura. Barueri: Manole, 2004.

PENA, Felipe. O jornalismo literário como gênero e conceito. In: CONGRESSO BRASILEIRO DE CIÊNCIAS DA COMUNICAÇÃO, 29., 2006, Brasília. Anais eletrônicos [...]. Brasília: Intercom, 2006. Disponível em: http://www.intercom.org.br/papers/nacionais/2006/resumos/R1506-1.pdf. Acesso em: 13 out. 2022.

UNIVERSIDADE FEDERAL DE VIÇOSA. Diretoria de Relações Internacionais e Interinstitucionais. Relatório Anual DRI – 2010. [Viçosa, MG:

UFV, DRI], 2010. Disponível em: https://www.dri.ufv.br/wp-content/uploads/2010.pdf. Acesso em: 13 out. 2022.

UNIVERSIDADE FEDERAL DE VIÇOSA. Diretoria de Relações Internacionais e Interinstitucionais. Relatório Anual DRI – 2011. [Viçosa, MG: UFV, DRI], 2011. Disponível em: https://www.dri.ufv.br/wp-content/uploads/2011.pdf. Acesso em: 13 out. 2022.

UNIVERSIDADE FEDERAL DE VIÇOSA. Diretoria de Relações Internacionais e Interinstitucionais. Relatório Anual DRI – 2012. [Viçosa, MG: UFV, DRI], 2012. Disponível em: https://www.dri.ufv.br/wp-content/uploads/2012.pdf. Acesso em: 13 out. 2022.

UNIVERSIDADE FEDERAL DE VIÇOSA. Diretoria de Relações Internacionais e Interinstitucionais. Relatório Anual DRI – 2013. [Viçosa, MG: UFV, DRI], 2013. Disponível em: https://www.dri.ufv.br/wp-content/uploads/2013.pdf. Acesso em: 13 out. 2022.

UNIVERSIDADE FEDERAL DE VIÇOSA. Diretoria de Relações Internacionais e Interinstitucionais. Relatório Anual DRI – 2014. [Viçosa, MG: UFV, DRI], 2014. Disponível em: https://www.dri.ufv.br/wp-content/uploads/2014.pdf. Acesso em: 13 out. 2022.

UNIVERSIDADE FEDERAL DE VIÇOSA. Diretoria de Relações Internacionais e Interinstitucionais. Relatório Anual DRI – 2015. [Viçosa, MG: UFV, DRI], 2015. Disponível em: https://www.dri.ufv.br/wp-content/uploads/2015.pdf. Acesso em: 13 out. 2022.

UNIVERSIDADE FEDERAL DE VIÇOSA. Diretoria de Relações Internacionais e Interinstitucionais. Relatório Anual DRI – 2016. [Viçosa, MG: UFV, DRI], 2016. Disponível em: https://www.dri.ufv.br/wp-content/uploads/Relat%c3%b3rio-2016.pdf. Acesso em: 13 out. 2022.

UNIVERSIDADE FEDERAL DE VIÇOSA. Diretoria de Relações Internacionais e Interinstitucionais. Relatório Anual DRI – 2017. [Viçosa, MG: UFV, DRI], 2017. Disponível em: https://www.dri.ufv.br/wp-content/uploads/Relatorio-2017.pdf. Acesso em: 13 out. 2022.

UNIVERSIDADE FEDERAL DE VIÇOSA. Diretoria de Relações Internacionais e Interinstitucionais. Relatório Anual DRI – 2018. [Viçosa, MG: UFV, DRI], 2018. Disponível em: https://www.dri.ufv.br/wp-content/uploads/2018.pdf. Acesso em: 13 out. 2022.

UNIVERSIDADE FEDERAL DE VIÇOSA. Diretoria de Relações Internacionais e Interinstitucionais. Relatório Anual DRI – 2019. [Viçosa, MG: UFV, DRI], 2019. Disponível em: https://www.dri.ufv.br/wp-content/uploads/Relat%C3%B3rio-2019.pdf. Acesso em: 13 out. 2022.

UNIVERSIDADE FEDERAL DE VIÇOSA. Diretoria de Relações Internacionais e Interinstitucionais. Relatório Anual DRI – 2020. [Viçosa, MG:

UFV, DRI], 2020. Disponível em: https://www.dri.ufv.br/wp-content/uploads/2020.pdf. Acesso em: 13 out. 2022.

VILAS BOAS, Sérgio. Perfis e como escrevê-los. São Paulo: Summus, 2003.

- editoraletramento
- editoraletramento.com.br
- editoraletramento
- company/grupoeditorialletramento
- grupoletramento
- contato@editoraletramento.com.br
- editoraletramento

- editoracasadodireito.com.br
- casadodireitoed
- casadodireito
- casadodireito@editoraletramento.com.br